毛泽东读书心得

毛泽东用《三国》

孙宝义　刘春增　邹桂兰　著

国际文化出版公司
·北京·

图书在版编目（CIP）数据

　　毛泽东用《三国》/ 孙宝义，刘春增，邹桂兰著. 一北
京：国际文化出版公司，2013.12
　　ISBN 978-7-5125-0573-5

　　Ⅰ.①毛… Ⅱ.①孙… ②刘… ③邹… Ⅲ.①毛泽
东（1893～1976）—《三国演义》评论 Ⅳ.①A841.691
②I207.413

　　中国版本图书馆CIP数据核字（2013）第249809号

毛泽东读书心得·毛泽东用《三国》

作　　者	孙宝义　刘春增　邹桂兰
责任编辑	戴　婕
统筹监制	葛宏峰　刘　毅　周　贺
策划编辑	刘　毅
美术编辑	丁鋝煜
出版发行	国际文化出版公司
经　　销	国文润华文化传媒（北京）有限责任公司
印　　刷	三河市嵩川印刷有限公司
开　　本	700毫米×1000毫米　　　16开 12印张　　　　　　　　159千字
版　　次	2013年12月第1版 2020年9月第2次印刷
书　　号	ISBN 978-7-5125-0573-5
定　　价	30.00元

国际文化出版公司
北京朝阳区东土城路乙9号　　邮编：100013
总编室：（010）64271551　　传真：（010）64271578
销售热线：（010）64271187
传真：（010）64271187-800
E-mail：icpc@95777.sina.net
http://www.sinoread.com

目　录

◎ **借鉴篇**

目　录

◎谋略篇

目　录

◎兵法篇

目　录

借鉴篇

毛泽东用《三国》

从小钟情《三国演义》

"有一天我忽然想到，这些小说有一件事情很特别，就是里面没有种田的农民。"

毛泽东上私塾的时候，读经的方法还是死记硬背，老师不作讲解。另外，经书的内容大多是阐述做人的道理，因此难以学到更多更新的知识。所以，无论是读经的方法，还是经书的内容，都令少年毛泽东反感。他后来在延安时和斯诺谈起当时的思想时说："我熟读经书，可是不喜欢它们。我爱看的是中国旧小说，特别是关于造反的故事。"按当时的教育思想，小说属于杂书，是不准学生看的。尽管老师严加防范，毛泽东小时候还是读了《精忠传》《水浒传》《隋唐演义》《三国演义》和《西游记》等。毛泽东被小说中的英雄人物深深地吸引着。他不仅在家里偷着看，而且还常在学堂里看，当老师走过来的时候，他就用一本经书遮住。

中国的旧小说，大多采用章回形式，各章回之间环环紧扣，情节、内容曲折生动，能抓住少儿心理，因而容易被少儿接受。正如毛泽东后来所承认的那样，"我认为这些书对我大概影响很大，因为这些书是在易受感染的年龄里读的。"

小说中的主人翁，大多能力强大，气势盖人，人物形象鲜明。少年的行为大多以模仿为主，书中的人物形象是少年模仿的理想对象。

　　毛泽东爱看旧小说，是受中国民间传统的影响。在中国民间，普遍盛行神勇崇拜。中国旧小说中的英雄豪杰是神勇崇拜的主要对象。翻开历史画卷，就会清楚地看到关羽、魏延、秦琼、杨业等历史人物，以及孙悟空、猪八戒、哪吒等传说人物都曾代代相传。从清中叶的某些民间教会门，到晚清的太平天国运动和义和团运动，民间的神灵信仰呈现出某种共同的特征：崇拜威武强悍、敢于冲杀的英雄豪杰，他们企图借助这类神灵的显赫名声，谋求逃避灾难。

　　少年毛泽东生活的偏僻乡村，正是神勇崇拜最盛行的地方。因为生活的环境越是艰苦，就越需要借助超人间的神力来缓解生活的压力，维持心理的平衡。所以，毛泽东周围的乡民都喜欢小说中的故事。毛泽东常常和他们互相讲故事，由于年幼的毛泽东记忆过人，许多故事，他读后都能背得出来，有些故事，他和乡民们讨论过多次。

　　后来他回忆说："我继续读中国旧小说和故事。有一天我忽然想到，这些小说有一件事情很特别，就是里面没有种田的农民。所有的人物都是武将、文官、书生，从来没有一个农民做主人公。"

　　少年毛泽东对农民为什么不能成为书中的主人公这一问题，经过长达两年的反复思考，终于找到了自己的答案。他通过分析小说的内容，发现书中颂扬的全都是武将，人民的统治者，而这些人是不必种田的，因为土地归他们所有和控制，显然让农民替他们种田。他似乎感到农民和武将是处于对立的两个阶级。作为统治者的武将，正是通过对物质生产资料土地的占有去控制劳动者农民，去支配精神生产资料的。农民要成为书中的主人公，必须获得对土地等物质生产资料的所有权和控制权，必须上升为统治阶级。这一发现在少年毛泽东的心里涌起了巨大的波澜，成为他后来为广大劳动阶层的解放和幸福而奋斗的最初思想基础，也是他以后闹革命的动力源泉。

毛泽东读《三国演义》，使他增长了阶级意识和反抗精神，他的心灵翅膀飞出了家庭，飞出了韶山，开始飞向了社会，飞向了国家和世界的广阔天地，同时也使他的救国救民之情在心中油然升起。

初出茅庐第一功

诸葛亮击退曹兵,守住了新野城;毛泽东消灭守敌,攻下了白沙镇。

《三国演义》第三十九回《荆州城公子三求计博望坡军师初用兵》中描写:诸葛亮出山后,曹操遣夏侯惇领兵十万,来攻新野。刘备请诸葛亮安排破敌。诸葛亮命赵云为前部诱敌;关平、刘封引五百军伏于博望坡后,准备放火;关羽、张飞各引一千军,分别埋伏于博望左右之豫山、安林,看见火起,即纵兵出击,并焚烧曹军粮草;又请刘备引军为后援;诸葛亮本人则与糜竺、糜芳引五百军镇守新野县城。关羽、张飞皆疑其计是否灵验,众将初次见诸葛亮用计,亦疑惑不定。夏侯惇与副将于禁、李典等率军来到博望,赵云出战,诈败而退;刘备引兵接应,须臾亦退。夏侯惇欺其兵少力弱,放心追赶。时天色已晚,道路狭窄,李典、于禁恐遭火攻,忙提醒夏侯惇。夏侯惇猛醒,但关平、刘封已开始放火,曹军顿时大乱。此时,赵云回军赶杀。关羽、张飞亦分头杀出,曹军尸横遍野,夏侯惇等狼狈逃窜。

这一仗完全按诸葛亮预计进行,关、张及众将皆心悦诚服,诸葛亮从此在刘备军中树立起威信。

1927年9月9日,毛泽东发动和领导了秋收起义。9月11日,毛泽东和工农革命军第一师第三团团长苏先骏带领部队向浏阳进军。这时,传来了一团四团拿下朱溪厂和平江龙门厂的消息,二团也按着起义军事行动方案发起了攻打萍乡的战斗。

兄弟团的消息鼓动着三团指战员的心。上庄离浏阳的白沙镇只有30里地。战士们按捺不住战斗激情，纷纷要求立即攻打白沙镇。

毛泽东为了掌握敌军虚实，特派汤彩之和陈沾奇化装成卖猪仔的贩子，深入白沙镇察看地形，并抓回一个熟悉敌军内情的外号叫"卢阉鸡"的暗探。

毛泽东和团领导听取了侦察员的详细汇报，又从暗探口中获得了白沙镇敌军的内情，便开始研究和制定攻打白沙镇的战斗方案。

毛泽东说："白沙镇位于湘赣交界处，是沟通铜鼓和浏阳两县的交通要道。这两县的群众很有革命基础，只是被许克祥镇压下去了。因此，打好白沙镇之战，对于振奋湘赣边界人民的革命斗志，激励农民响应秋收起义号召，推动土地革命，将有很大影响。我们三团一定要打好出师第一仗，不打则已，打则全歼，要打它个片甲不留。老苏，你布置吧。"

苏先骏听毛泽东要他布置战斗，就笑了笑说："还是由毛委员布置吧，你是最高指挥嘛。你叫我们打哪，我们就打哪。"

毛泽东虽然身为前敌委员会书记，却还从来没有指挥过一个具体战斗，如今面对着这么多久经战阵的指挥员，稍有差错便会闹笑话。毛泽东想起《三国演义》中描写的诸葛亮初出茅庐时所指挥的第一仗——"博望坡军师初用兵"，不由得吟道："博望相持用火攻，指挥如意笑谈中。直须惊破曹公胆，初出茅庐第一功！"

苏先骏听毛泽东念念有词，便忍不住笑道："毛委员念咒了。"说得张启龙等人都笑起来。毛泽东也笑了，他搓了搓手，摊开军事地图，诙谐地说："我这可是大姑娘上轿喔，你们该推的推，该抬的抬，讲不得客气，你讲客气敌人可不讲客气哩！"

一圈脑袋围圆了，所有的目光都盯在毛泽东的指尖上，看这位书生如何运筹帷幄。

"我建议，"毛泽东说："派一营为左翼，从濠溪出发，经泉坑——水坳——黄家嘴——家槽——厕屎坳……"

笑声。

"好难听的名字。"毛泽东皱皱眉。众人笑得更欢了。

"笑什么！"苏团长板起脸，"严肃点。"

"也不要太作古正经呢，"毛泽东拍拍苏先骏肩膀，"'谈笑间，樯橹灰飞烟灭'嘛。"他指点地图说下去："左翼从厕屎坳绕道直奔词王庙，先切断敌人退路，阻击逃敌。"

"还没攻就想到敌人会逃。毛委员真是成竹在胸啊。"苏先骏觉得毛泽东不是那种纸上谈兵的书生。

"这叫做'关起门来打狗'。"似乎是为了证明自己并非书生，毛泽东打了一个通俗化的比方，用来说明他的打法——这个打法后来发展成为非常有名的"布袋战术"。"现在谈进攻，"毛泽东并起五指做尖刀状，"派一个加强营——我建议加上直属机枪连作为中路，从濠溪沿溪口——朱沙桥——高段坳，直捣樟树坳，正面攻打白沙镇口。其余人马为右翼，悄悄出发，从濠溪绕道黄石岩——大洞岭——樟树坳，趁中路发起强攻吸引住敌人主力之时，突然袭击占领柞树岭高地，然后居高临下拦腰插入敌阵，打他个首尾难顾腹背受敌。另外，我已派人和白沙地下党组织接上了关系——他们已组织了农民鸟枪梭镖队，并有几门松树炮；我让他们埋伏在白沙左侧风山屋场的茶林里，随时狙击左逃之敌。同时，为了更有把握，我建议中路先派出一个尖刀班，由侦察过白沙的陈沾奇带领，先摸掉敌军设在龙进上和樟树坳的岗哨，以便乘虚而入，打他个措手不及，最好在傍晚时分敌人正吃晚饭的时候动手……"

毛泽东毕竟是毛泽东，第一次部署战斗，就显示出非凡的胆识和智谋。本方案的独特性、严密性和可行性是毋庸置疑的。团干部们感到既新奇又实在，真是神啦！

战斗的发展正如毛泽东所料。不到一个小时，白沙镇战斗就结束了。敌指挥官在词王庙被击毙，剩下一百多名敌军在无路可走的情况下缴械投降。毛泽东高兴地说："果真是旗开得胜，马到成功啊！三团出师第一仗，首战大捷，值得庆贺。"

诸葛亮击退曹兵，守住了新野城；毛泽东消灭守敌，攻下了白沙镇。他的威信飙起，威望陡升，得到了部属、同僚的信任和拥戴。

毛泽东的初始临战，从诸葛亮的"初用兵"中学习不少，最主要的，他学到了指挥若定，学到了以智取胜。这对后来成为大军统帅的毛泽东，真是一个绝好的开端。

活用《三国演义》

　　毛泽东的著作、报告、谈话中，引用《三国演义》的历史故事，赋以新意，多有所见，不胜枚举。

　　毛泽东从青少年时代就十分爱读《三国演义》这部历史小说，在美国学者 R·特里尔的《毛泽东传》中有这样的描述：同学们都很敬佩毛对《三国演义》等小说的记忆力。他们喜欢听他复述其中的精彩片段。但是毛泽东认为小说描绘的都是历史上发生的真实事件，这使得每个人都感到震惊。关于这一点，他还和历史教师发生争论。对任何同意那位教师观点的同学，毛泽东都对其大加指责，甚至用椅子打了一个同学。……关于小说的争论他甚至找到校长那儿。当这位博学的校长也不同意他的观点，即不认为《三国演义》是三国时期发生过的真实事件时，他给湘乡县令写了一封请愿书，要求撤换校长，并强迫进退两难的同学签名。

　　毛泽东评价这部书说：《三国演义》作者罗贯中不是继承司马迁的传统，而是继承朱熹的传统。这里所说司马迁的传统，是指西汉史学家司马迁写《史记》时，是以"稽其成败兴亡之理"为原则，在对待历史重大问题上，他重视人民群众的作用。在"成则为王，败则为寇"的封建伦理下，他敢于肯定秦末农民起义领袖陈胜、吴广在历史上的特殊地位，体现了一位正直史学家的胆和识。所谓朱熹传统，是指南宋理学家、被明清两代人尊为儒学正宗、提倡正统思想的朱熹的传统。南宋时，异族为患，朱熹以蜀为正统；明朝时，北部少数民族经常骚扰，所以罗贯中也以蜀为正统。但毛泽东并不因为作者封建正统的历史观和宣传"王道"而予以全盘否定，他很重视作品中对人物的刻画，对战役战术的描绘，对复杂政治斗争的铺陈。

毛泽东认为读《三国演义》，既要看它对战争、对外交的描写，还要看它对组织的描写。北方人——刘备、关羽、张飞、赵云、诸葛亮，组织了一个班子南下，到了四川，同"地方干部"一起建立了一个很好的根据地。他又说：《三国演义》里有三个国家，每个国家都有知识分子，有高级的，也有普通的。那些穿八卦衣的或像诸葛亮那样拿鹅毛扇的就是知识分子。

在井冈山那样斗争环境十分严酷的日子里，在打土豪时，他还想在土豪家里找到《三国演义》之类的书来读。在延安时，他作报告，经常引用《三国演义》的故事借古喻今。1936 年，他在给当时任国民党陕西省政府主席邵力子写信时，引用"《三国演义》云：天下大势，合久必分，分久必合"借以形容国共两党的关系。毛泽东在写作《实践论》时，又引用《三国演义》上所谓"眉头一皱计上心来"形象地说明："人在脑子中运用概念以作判断和推理的工夫。"他在《青年团的工作要照顾青年的特点》中说："三国时代，曹操带领大军下江南，攻打东吴。那时，周瑜是个'青年团员'，当东吴的统帅，程普等老将不服，后来说服了，还是由他当，结果打了胜仗。"他说："要充分相信青年人，绝大多数是会胜利的。"

毛泽东在《中国革命战争的战略问题》一文中讲到：中国战史上有"双方强弱不同，弱者先让一步，后发制人，因而战胜的"。他举了中国古代几个著名战例，其中袁曹官渡之战，吴魏赤壁之战，吴蜀彝陵之战，都是浓墨渲染过的。毛泽东的著作、报告、谈话中，引用《三国演义》的历史故事，赋以新意，多有创见，不胜枚举。

在三国人物中，毛泽东最推崇的，大概要算诸葛亮。在他的著作中不止一次提起诸葛孔明。1957年，在《打退资产阶级右派的进攻》一文中，他说："刘备得了孔明，说是'如鱼得水'确有其事，不仅小说上那么写，历史上也那么写，也像鱼跟水的关系一样。群众就是孔明，领导者就是刘备。"1957年毛泽东在莫斯科共产党和工人党代表会议上的发言中说：

"任何一个人都要人支持。一个好汉要三个帮，一个篱笆也要三个桩。荷花虽好，也要绿叶扶持。这是中国的成语。中国还有一句俗语，三个臭皮匠，合成一个诸葛亮。单独的一个诸葛亮总是不完全的，总是有缺陷的。"毛泽东认为诸葛亮虽可以未卜先知，呼风唤雨，但也有其局限性。

1975年5月3日，中央政治局工作会议上，毛泽东称赞孙权"是个能干的人"，"当今惜无孙仲谋"。

新中国成立后，在他外出的专列上携带的大批图书中，《三国志》是必备的。

但毛泽东并不是一个唯知识论者，他还说过：三国时吴国的张昭，是一个经学家，在吴国是一个读书多、有学问的人。可是在曹操打到面前的时候，就动摇、就主和。周瑜读书比他少，吕蒙是老粗，这些人就主战。可见，光是从读书不读书、有没有文化来判断问题是不行的。

毛泽东读《三国》总是独立思考，取其精华，弃之糟粕，使《三国》里的智慧放射出新的时代光芒。

曹操是超世之杰

横槊赋诗意飞扬（罗），自明本志好文章（毛）。萧条异代西田墓（毛），铜雀荒伦落夕阳（罗）。

1918年8月，毛泽东路过河南，特地与罗章龙、陈绍休三人到许昌瞻仰魏都旧墟，凭吊曹操，并与罗章龙作《过魏都》联诗一首：

横槊赋诗意飞扬（罗），自明本志好文章（毛）。
萧条异代西田墓（毛），铜雀荒伦落夕阳（罗）。

诗中表达出毛泽东对曹操的钦佩之意。在毛泽东看来，曹操是中国古代少见的一位集政治、军事、文学才能于一身的人。因此，他在不同场合多次谈及曹操，并给予高度评价。在凭吊古城许都，向北遥望远在邺城的曹操墓园时，他感慨古今变迁，吟出"萧条异代西田墓"。表示内心里对曹魏旧都物易人非的怀恋。

当时毛泽东正在组织新民学会会员赴法留学，就是为了造就人才，实现"改造中国与世界"的伟大抱负。他环顾这片神奇的汉魏故都旧墟，联想起中国的社会现实和肩负的重任，与同行的青年朋友一起吟诵起曹操的诗句："月明星稀，乌鹊南飞。绕树三匝，何枝可依？山不厌高，海不厌深。周公吐哺，天下归心。"曹操渴望招纳贤才助其建功立业的雄心壮志，激励着胸怀宏愿的青年毛泽东投身革命。

后来在 1958 年 8 月中旬，中共中央在北戴河召开政治局扩大会议。毛泽东召集各大协作区主任开会，他在会上说：干部参加劳动，有人说搞两个月，搞一个月总是可以的。我们与劳动者在一起，是有好处的。我们感情会起变化，影响几千万干部子弟。曹操骂汉献帝"生于深宫之中，长于妇人之手"是有道理的。毛泽东以这则故事来告诫领导干部不要脱离群众，可谓恰到好处。

同年 11 月 1 日，毛泽东在河南新乡视察，对安阳县委书记陈春雨说："啊，你是安阳的？安阳是曹操起家的地方啊。曹操这个人懂用人之道，招贤纳士，搞'五湖四海'，不搞宗派。他还注意疏浚河道，引水灌溉，发展农业生产。"

1975 年，毛泽东对北大女教师芦荻说："汉末开始大分裂，黄巾起义摧毁了汉代的封建统治，后来形成了三国。这是向统一发展的。三国的几个政治家、军事家，对统一都有所贡献，而以曹操为最大。司马氏一度完成了统一，主要就是他那时打下的基础。"在 1976 年的一次谈话中，毛泽东把曹操和孔子、秦始皇、朱元璋并列。可见，毛泽东在不同的历史时期，都以曹操为例，借鉴他的经验，来指导解决现实中遇到的问题。毛泽东称曹操为超世之杰，很有仰慕之意。

"救兵粮"

"这很可能就是《三国演义》那本书上说的'救兵粮'哪!"

1934 年岁末,红军到达瓮安县境,离开江西中央根据地两个多月以来,一直处在敌人前堵后追空中炸的险境中。听说要在离瓮安不远的猴场过新年,心里真有说不出的高兴。在去猴场的那天早晨,下起了冰碴子,起伏的山峦白白的。陈昌奉发现一丛丛火红火红的小豆子挂着雪白晶亮的冰碴子,迎着凛冽的寒风在欢快地跳动。他顺手摘下几个小红豆,连冰带雪放进嘴一尝,又凉又甜还带一点酸头呢!毛泽东走过来摘下几颗红豆放在手里,一边看,一边问大家:"你们知道这叫什么吗?"大家你看我我看你,都答不上来。毛泽东告诉大家,三国时代,诸葛亮带兵在这一带打仗断了粮的时候,曾经拿这种东西当过军粮。"这很可能就是《三国演义》那本书上说的'救兵粮'哪!"

毛泽东熟知三国故事,对"望梅止渴"的典故读了多遍,这一次他用小红豆当"救兵粮",鼓励红军战士克服困难,增强战胜凛冽寒风的信心。起到了战胜饥寒的作用。

龙云献云南地图

无巧不成书，龙云"献上"一张详尽的云南地图，这与《三国演义》中张松献图一节惊人的相似。于是毛泽东率大军轻松过了金沙江。

1935年4月红军团首先向紫云这个集镇发起进攻，很快就将敌军赶跑了。接着，红四团飞速抵达了北盘江。

毛泽东就是在白岑这个渡口渡过北盘江的。白岑离诸葛亮的墓地孔明冈非常近。

4月27日，红军在曲靖公路上截住了三辆从昆明方向开来的卡车。车队是龙云派往薛岳那儿去的。应薛岳的要求，车队给他送去云南地形图。据说龙云本来想派飞机送，但飞行员突然病倒了，只好改用卡车。车内装有大量的食品以及药品。没想到却送到了红军的手中。

当毛泽东看到了这张云南省的十万分之一的地图时，不禁兴奋地说，我们正为没有云南详图而犯愁的时候，敌人就送上门来了，真是解了燃眉之急！他还说，从一定意义上说，这一战绩比在战场上缴获的武器还重要，可谓巧获呀！当晚，这张地图就排上了大用场：毛泽东利用这张地图，制订了详细的抢渡金沙江的计划，毛泽东与作战参谋一道，亲自在地图上用红铅笔标出了中央纵队和一、三军团从驻地到金沙江最近的龙街、皎平、洪门三个渡口的距离和行军路线。

当年云南王张松给刘备献上云南地形图，使刘备在夺取西蜀政权时，起了非常大的作用。而龙云则是主动送上云南地形图，致使毛泽东战胜了困境，打破了蒋介石的围追堵截。

　　毛泽东偶得云南地形图这一节正好又与《三国演义》中云南王张松给刘备献地图这一节十分相似。只是前者是从天而降，后者是主动献上。历史在此又一次展示出它的神秘性与传奇性的相似之处。

刘伯承与彝族首领小叶丹结拜兄弟

"诸葛亮七擒七纵才使孟获心服，你怎么一下就说服了小叶丹呢？"

1935 年 5 月刘、聂率先遣队由冕宁出发，经大桥镇、俄瓦垭口彝汉杂居区，进入一碗水、海子边到喇嘛房一带的彝民聚居区。这里山势险要，道路崎岖，林木葱茂，野草丛生，山涧之上多是只搭一根独木桥，易守难攻。先遣连刚到喇嘛房，便听到此起彼伏的"呜呼、呜呼"的吆喝声，接着就被手持长矛、弓箭和土枪的彝民挡住了去路。工作团的冯文彬通过"通司"（翻译）与他们对话，答应给他们二百块银圆才让通过。不一会儿，又来一群彝民要钱，说刚才给的是罗洪家的，我们是沽基家，又给了二百元。此时，工兵连遭袭击，被抓去的人，剥光衣服放了回来，经过耐心宣传后，沽基家一个小头目答应"去找爷爷来"。

时间不久，一个高大的汉子带着十几个背梭镖的青年大步走来。他围着块麻布，赤足光背，长发披肩，自我介绍说："我是沽基家的小叶丹，要见刘司令，大家讲和不打。"肖华先去报告刘司令、聂政委，冯文彬陪同小叶丹随后跟来。翻过一个山凹，过了一片树林，来到名为袁海子的清水池塘边。刘伯承听说小叶丹愿意和好，高兴地迎了上去，小叶丹知道是刘司令，赶忙上前行礼。刘伯承把他扶起。小叶丹直来直去地说道："今天在后面打你们的是罗洪家的，不是我。听说你们要打刘文辉，主张彝汉平等，我愿与刘司令结义为兄弟。"刘伯承笑着说："那些欺压彝民的汉人，也是红军的敌人，我们结义是为了反对共同的敌人。"小叶丹喜出望外，即命娃子拿来一只公鸡。

按照彝族规矩举行了简单而庄重的结盟仪式。娃子到塘里舀来一碗清水，一手持刀，一手拿鸡，口中念念有词，念罢便用刀斩掉鸡头，将鸡血滴入水碗，透明的清水立即变成了殷红色，然后将"血酒"分作两碗，分别摆在刘司令和小叶丹面前。刘伯承和小叶丹并排跪下。面对蔚蓝的天空和清澈的池水，刘伯承首先端起"血酒"，虔诚地发出誓言："上有天，下有地，我刘伯承与小叶丹今日在海子边结义为兄弟，如有反悔，天诛地灭。"说罢将"血酒"一饮而尽。小叶丹端起大碗激动地说："我小叶丹今日与刘司令结为兄弟，如有三心二意，同此鸡一样断头而死。"说罢也一饮而尽。这时，太阳将要落山，刘伯承特备酒宴表示祝贺，小叶丹带领18个小头目欣然前往。席间，双方坦诚相见，无话不说。刘伯承针对小叶丹要共同消灭罗洪家的想法，耐心地向他解释了彝族同胞内部要团结的道理，一并伸出手指形象地说："一个指头没有劲，十个指头捏在一起力量就大了，这样才能消灭共同的敌人国民党反动派。"同时将一面写着"中国彝民红军沽基支队"十个大字的红旗赠给小叶丹，任命他为支队长，他的弟弟沽基尔拉为副队长。并当场写了委任状。纯朴的小叶丹万万没有想到，一个红军的高级将领深明大义，对他又如此信任，他感到格外幸运和激动，当晚就跟刘伯承住在先遣司令部，长谈至深夜。

第二天早饭后，先遣队再入彝民区，小叶丹走在最前头，一路引导进入他的沽基家村寨。随着一阵"呜呼，呜呼"的吆喝声，全村人列队路旁，笑眯眯地欢迎红军。许多青年和儿童主动靠近战士们，用手势配合简单的汉语，表示红军是亲人，汉彝如一家。战士们赠给他们一些鞋子和毛巾，彝民更是欢呼雀跃，气氛非常热烈。当刘司令和聂政委到来时，小叶丹依依不舍地对刘伯承说："因为前面不是我的管地，我不能再走了……。"他特意派出四个娃子护送红军到前寨。并选出28人到红军学军事，学好回来打刘文辉。刘伯承嘱咐他："后面红军大队人马要通过这里，拜托你把全部红军送出彝民区，今后你要打起红旗坚持斗争，我们会回来的。"说罢便将10支锃亮的步枪作为礼物相赠。小叶丹大受感动，坚持要把他的坐骑，一匹精壮的大黑骡子送给刘司令，众彝民含笑相送、呈现出从未有过的汉彝团结景象。

小叶丹没有辜负刘伯承的嘱托，在他派出人员的引导下，先遣队过一个村寨换一个向导，犹如老根据地人民派人带路的情形一样。同时，他将彝民组织起来，整整奔忙七天七夜，使红军大队安全通过彝民区。

红军通过彝民区，作为先遣队司令和政委的刘伯承、聂荣臻，不顾鞍马劳顿，接着便率领先遣队，强渡大渡河，飞夺泸定桥，终于使红军大队跨越天险，摆脱了国民党的围追堵截。当毛泽东等中央领导到先遣司令部休息时，他们用缴获的米酒招待。毛泽东端起大碗米酒兴致勃勃地说道："祝贺先遣司令和干部战士们！"接着便幽默地问起刘伯承："诸葛亮七擒七纵才使孟获心服，你怎么一下就说服了小叶丹呢？"刘伯承谦虚地答道："主要是严格执行了党的民族政策。"毛泽东又问："你跟小叶丹真的跪在地上起誓吗？"刘伯承说："那当然，彝人讲义气，他看我诚心才信任我们。"兴奋不已的毛泽东有意打趣，当问到彝人下跪是先跪左腿还是先跪右腿时，引起了大家一阵会心的笑声。周恩来十分赞赏地说道："后续部队过彝区时，小叶丹打着'中国彝民红军沽基支队'的旗帜欢迎。伯承、荣臻他们把彝区赤化了！"

朱德也情不自禁地称赞道："先遣队逢山开路，遇水架桥，功劳不小。"

这时刘伯承想起了几天前毛泽东和他说的"要告诉部队不准开枪，不准伤害彝族群众。各个部队都要准备一些酒、绸缎、衣服、枪，送给彝民"。这之后又叮嘱："与彝人还是'和为贵'，你们都是四川人，就交个朋友嘛！"想不到这样顺利就打开了大凉山的道路，使红军赢得了抢渡大渡河的宝贵时间。这是刘伯承按照毛泽东的指示办事的结果。

就在三国西蜀诸葛亮"七擒孟获"的古战场里，毛泽东演绎了一出现代的汉彝结盟的盛举。

"天下大势，分久必合、合久必分"

从"天下大势，分久必合，合久必分"到"国共合作"与农业合作化。

毛泽东对《三国演义》的喜爱和关注，贯穿一生。毛泽东早年在《伦理学原理》批注中说：

> 吾人揽史时，恒赞战国之时，刘项相争之时，汉武与匈奴竞争之时，三国竞争之时，事态百变，人才辈出，令人喜读。至若承平时代，则殊厌弃之。非好乱也，安逸宁静之境，不能长处，非人生之所堪，而变化倏忽，乃人性之所喜也。

1936年，日本帝国主义加紧侵略，国家危急，民族危急，中国各阶级、各政党必须在共同的强大的民族敌人面前紧密联合起来。毛泽东为此曾致函给时任陕西省主席的国民党元老邵力子。

> 力子先生：
> 阅报知尚斤斤于"剿匪"，无一言及于御寇，何贤者所见不广也！窃谓《觉悟》时代之力子先生，一行作吏，而面目全变。今则时局越作越坏，不只一路哭，而是一国一民族哭矣！安得去旧更新，重整《觉

悟》旗帜，为此一国一民族添欢喜乎？共产党致国民党书，至祈省览。语云："越人弯弓而射之，则己弯弓而射之，其兄弯弓而射之，则己垂涕而道之。此垂涕而道之言也，先生岂不以为河汉乎？""开发西北"、"建设西北"，先生之志则大矣，先生之办法则不可。日本帝国主义正亦有此大志，正用飞机大炮呼声动地而来，先生欲与之争"开发"，争"建设"，必不成功，此办法问题也。谈到这个办法问题，询谋佥同，国人皆曰可行，不信先生独为不可行，是则国共两党实无不能合作之理。《三国演义》云：天下大势，合久必分，分久必合。弟与先生分十年矣，今又有合的机会，先生岂有意乎？顺颂

勋祺

毛泽东

九月八日

毛泽东在信中指出：国共合作是谋于众人，举国公认的抵抗日本侵略者的好办法，国共两党断无不能合作的道理。毛泽东反问说对这国人皆曰可行的事情，不信你邵力子先生会认为不可行，会违背国人的意愿吧？毛泽东在信中巧妙地将变换了一下顺序，将典故作了灵活的运用，因为当时的形势是需要"分久必合"，如果说国共第一次合作是"合久必分"的话。当前的形势，国共两党的大方向是"合"而不是"分"，在新的历史形势下必须从"分"走向"合"，也必然走向"合"，显示了中国共产党对于再度合作的高瞻远瞩的决策，同时也是明智、大度的抉择和中国共产党人，从国家民族危亡的大势出发，而发出的真诚的呼吁。

罗贯中的"分久必合、合久必分"仅仅是外在表象的概括，没有说出内在的必然规律；毛泽东的"合久必分、分久必合"则反映了深刻的历史必然性，揭示了历史发展的客观规律。

1956 年 3 月，毛泽东在国务院有关部门汇报手工业情况时所作的指示中，又用了这一典故："你们说，在手工业改造高潮中，修理和服务行业集中生产、撤点过多、群众不满意。这就糟糕！现在怎么办？""天下大势，分久必合，合久必分。"这里就按照原来的顺序了。毛泽东的意思是要妥善解决手工业生产中的集中与分散的关系问题，要以方便群众为出发点。

1958 年，毛泽东在河北定县视察农业合作社时又用了这一典故。当基层领导汇报道："全县有 29 个联村社，以后又划分成 252 个社了。"

毛泽东问道："老百姓高兴不高兴大社？"

"农民高兴搞大社。我们把大社划小以后，有很多农民又自动联成大社了。"听罢，毛泽东道："分久必合，合久必分。"他转头问乡党委书记郭建："你看过三国没有？《三国演义》中的第一句话便是：'话说天下大势，分久必合，合久必分。'"

1956 年 3 月 4 日毛主席听取手工业管理局负责人汇报（34 个部委汇报之一）时，听说修理和服务行业集中生产，撤点过多，群众不满意，说"这就糟糕！"，又说："提醒你们，手工业中许多好东西，不要搞掉了。王麻子、张小泉的剪刀一万年也不要搞掉。我们民族好的东西，搞掉了的，一定要来一个恢复，而且要搞得更好一些。"听说北京东来顺的涮羊肉已失去原有的特色时，毛主席说："'社会主义'的羊肉应该比'资本主义'的羊肉更好吃。"谈到对集中过多问题怎么办时，他还说："天下大势，分久必合，合久必分。"

毛泽东在不同历史时期，不同的事物上多次应用"天下大势，分久必合，合久必分"，是因为深刻认识到这句话所具备的辩证法的内涵。

西安事变

"过去诸葛亮对孟获还七擒七纵，对蒋介石为什么不可以一擒一纵呢？"

1936 年 12 月，当张学良、杨虎城两爱国将领受中共抗日民族统一战线政策影响与全国抗日救亡的推动，发动西安事变，扣押蒋介石，逼蒋接受抗日主张。当时形势极为复杂，党与人民群众中有人提出无限期地监禁蒋介石，有人主张公开审判蒋介石，更有人提出要杀掉蒋介石，以报十年内战时期的血海深仇。而中共审时度势，从全民族利益出发，主张对蒋宽大处理，提出和平解决的方针。为了说服当时党内外的同志。毛泽东引用了《三国演义》中诸葛亮七擒七纵孟获的故事。他说：杀掉蒋介石很容易，有一把刀一下子就杀了，可是脑壳只有一个，杀了就安不上了。人总是要死的，有老死的，病死的，战场上打死的；有站着死的，坐着死的，躺着死的……蒋介石也是要死的。但是中央主张现在不叫他的脑袋搬家，因为杀了他就没有戏唱了，这是对抗日不利的。何况杀了他，还会有蒋介石第二，蒋介石第三……中央也不主张把他关起来，而是主张把他放了。过去诸葛亮对孟获还七擒七纵，对蒋介石为什么不可以一擒一纵呢？

毛泽东就是通过对《三国演义》中的人与故事的解说，使党内同志在思想上得到统一，推动了抗日统一战线的建立。

破格用人，用其所长

毛泽东向以不拘一格选拔人才和知人善任的高超领导艺术而闻名于世。

熟悉《三国志》和《三国演义》的人都知道，孙吴的大将周瑜，年少英发，有过人的才智和胆识，年轻得志。30 岁时已是举世瞩目的杰出统帅。他在东吴两代君主——孙策、孙权的心目中，占有相当的地位。孙策临终时嘱托孙权："倘内事不决，可问张昭；外事不决，可问周瑜。"而孙权一登上吴主的宝座，便召见周瑜，倾心相交，求教大事。正是君主如此赤诚相待，并为他提供了施展才能的广阔天地，所以他才能在短暂的一生中，为东吴建树丰功伟绩。赤壁之战时，他作为东吴水军大都督，年仅 33 岁。

在我党的历史上，作为领袖的毛泽东向以不拘一格选拔人才和知人善任的高超领导艺术而闻名于世。尤其突出地表现在反对论资排辈，主张大胆起用在斗争中涌现出来的、比较年轻的杰出人才上。在民主革命时期，他就重用过许多比周瑜当都督时年轻得多的人。比如林彪，23 岁担任红四军军长的要职，打起仗来比较灵活，毛泽东对他是很器重的；吴亮平，二十多岁担任中共中央宣传部副部长；艾思奇，也是二十多岁时就担任中央文委秘书长，使他们的才华得到了充分的展示；周小舟，24 岁时担任了毛泽东的秘书，对于这样一个才华出众的青年干部，毛泽东主张应在实际斗争中接受锻炼。1941年，周小舟到冀中区工作，毛泽东曾两次写信，鼓励他"切实努力，必有进步"。周小舟根据毛泽东的教导，坚持在实际工作中不断充实自己。新中国成立初，周小舟担任了湖南省委书记，成为了一个比较成熟的年轻干部。20世纪50年代毛泽东再次见到周小舟，高兴地说："小舟变成了大舟了！"

　　毛泽东从《三国》人物身上找到了经验，看到了用人上的科学做法，具体应用到组织工作上，在自己的身边凝聚了众多的人才。

拿鹅毛扇的知识分子

一个阶级革命要胜利，没有知识分子是不可能的。

　　毛泽东在 1945 年 4 月 24 日中国共产党第七次全国代表大会上的口头政治报告中，讲了历史上知识分子的重要作用，进而强调为了防止看低知识分子的偏向，确有必要申明他们在革命事业中的重要性。毛泽东说："一个阶级革命要胜利，没有知识分子是不可能的。你们看过《三国演义》《水浒传》。魏、蜀、吴三个国家，每个国家都有每个国家的知识分子，有高级的知识分子，有普通的知识分子，那个穿八卦衣拿鹅毛扇的就是知识分子（指诸葛亮）；梁山泊没有公孙胜、吴用、萧让这些人就不行，当然没有别人也不行。无产阶级要翻身，劳苦群众要有知识分子，任何一个阶级都要有为它那个阶级服务的知识分子。……至于封建时代的诸葛亮、刘伯温，《水浒传》上的吴用，都是封建社会里的知识分子。因为整风审干，好像把知识分子压低了一点，有点不大公平。好像天平，这一方面低了一点，那一方面高了一点。我们这个大会，要把它扶正，使知识分子这一方面高一点。"

　　不论是在民主革命时期还是社会主义建设时期，毛泽东都十分重视知识分子的作用。不仅他本人是名副其实的秀才造反，而且，在我党、我军高级领导集团中，知识分子也是占有一定比重的。毛泽东深知，没有知识分子，革命就不会胜利这个极为普通而又极为重要的道理。特别是新中国成立以后，处于经济建设时期，知识分子的作用就越来越显得重要了。他与各行各业——科学界、文学艺术界等的知识分子交朋友，谈心，解决他们生活中的困难，提拔到重要的领导岗位，以使他们的聪明才智得到最大限度的发挥。

撤退不能丢下老百姓不管

"刘备撤退还舍不得丢下新野县的老百姓，我们共产党人总比刘备强嘛！"

1947 年 3 月 13 日（农历 1947 年 2 月 21 日），天蒙蒙亮，胡宗南指挥的 14 个旅兵分两路，左集团由刘戡率领，从延安南面的洛川出发；右路集团由董钊率领，从延安东南方向的宜川进逼，以"分进合击"的态势同时向延安发动了猛烈进攻。同时，六十多架敌机轰炸了延安。毛泽东、周恩来等人的处境十分危险。

"我是要最后撤离延安的，我还要看看胡宗南的兵是个什么样子哩！"毛泽东不怕蒋胡军的气势汹汹，"稳坐钓鱼台"，并不急着撤走。

新四旅一部分部队负责掩护党中央和毛泽东撤离，官兵们对他们的安全不放心，有的旅团首长借向毛泽东汇报工作之机，劝毛泽东赶快撤离。

这天，新四旅的副旅长程悦长和 16 团的团长袁学凯来见毛泽东。

毛泽东那天很高兴，让工作人员给两人弄来了两大碗冒着热气的红烧肉和七八个白面馍馍："吃吧！今天整个延安打牙祭，赶不走的猪统统吃掉，自己喂大的么，不能留给胡宗南！"

程悦长和袁学凯见毛泽东高兴，便一边吃着饭，一边毫无拘束地向毛泽东汇报情况：

"部队兵强马壮，给养充足，士气很旺。指战员们纷纷向旅部、团部请战，一致表示坚决保卫毛主席、保卫党中央！多打胜仗保卫延安……"

饭吃得差不多了，两个人互相看了一眼，又说："主席，部队都非常担心你的安全，我们全旅指战员请求主席早一些转移到黄河东边去。"

毛泽东吸着烟，微笑着对他们说："你们代我谢谢同志们。好多地方来电报，催着我过黄河，彭老总更是急得不得了。中央有个安全的环境，对指挥全国作战的确有好处。不过，我有些想法……"

毛泽东用一只手熄灭了烟，扳着另一只手的一个手指头，接着说：

"其一，我们在延安住了十来年，一直处在和平环境中，现在一有战争就走，我无颜对陕北乡亲，日后也不好再见面。难道我们还不如刘备？刘备撤退还舍不得丢下新野县的老百姓，我们共产党人总比刘备强嘛！我决心和陕北的乡亲们一起，不打败胡宗南决不过黄河！"

毛泽东又点燃了一支烟，扳下另一个手指头："其二，我们不离开陕北还有一个理由：胡宗南有二十多万人马，我们只有 2 万人，陕北的比例是 10 比 1；这样我们其他战场就好得多，敌我力量对比不会这么悬殊。党内分工我负责军事，我不在陕北谁在陕北？现在几个解放区刚刚夺得主动权，我留在陕北，蒋介石就不敢把胡宗南投入别的战场；我在这里拖住他的'西北王'，其他战场就可以减轻不少压力。"

烟烫手了，毛泽东赶紧将手上的烟头一丢，毫不在意地继续说："当年希特勒进攻苏联，也是不可一世嘛！几十万敌军围住了莫斯科，斯大林也没躲到什么地方去，还在红场上大阅兵哩！后来怎么样？还不是粉碎了希特勒的进攻！结果又怎么样？苏联红军大反攻，一直打到柏林，彻底消灭了德国法西斯嘛！"

3月18日傍晚,延安东南方向突然传来了急促的枪声,情况突变。正在同二纵队司令员王震谈话的毛泽东在彭德怀的催促下准备动身,他稳稳地坐在椅子上,慢悠悠地问:"机关都撤离了吗?"

"都撤离了,"周恩来说罢,又有人抢着道:"早撤光了!"

毛泽东又问:"群众呢?"龙飞虎回答:"全撤离了,一下午全撤了。"

群众安全撤走了,毛泽东才最后撤离延安。

在转战陕北的征途上,可说是危机四伏。可越是危险,毛泽东越是想到群众,心里装的全是老百姓的安全。

难道我们还不如刘备

"部队已和老乡凝成一体，危难之时，不保护群众，还叫共产党吗！"

《三国演义》第四十一回"刘玄德携民渡江"的故事讲的是：曹操南征，大军杀奔新野，刘备因敌我力量悬殊，决定奔襄阳，以协助其侄刘琮一起保卫荆州，因不忍弃下百姓，便遍告四方：愿随者，一同渡江。两县人民誓死相随，到襄阳，蔡瑁、张允闭城相拒，如用武力入城，势必互相残杀，危害百姓，刘备乃采纳孔明先取江陵为家之议，便引着百姓，尽离襄阳大路，望江陵而走。因同行军民十余万，大小车数千辆，挑担背负者不计其数，行动迟缓。这时，曹操大军即将渡江来追，众将都说："江陵要地，足可拒守。今拥民众数万，日行十余里，似此几时得到江陵？倘曹兵到，如何迎敌？不如暂弃百姓，先行为上。"刘备泣说："举大事者必以人为本。今人归我，奈何弃之？"百姓闻刘备此言，莫不伤感。大敌追逐之际，刘备仍以百姓为重，不抛弃百姓而甘冒被俘之险，获得民众拥护是必然的。正因荆州人心归向，刘备才能以荆州人为主组成队伍。后来他能创业西蜀，荆州人出力最大。如果刘备得不到荆州人的支持，他将一事无成。可见，要创业，得军心民心人心是何等重要。

1947 年 6 月 8 日，刘戡率四个半旅沿着延河北进。先头部队进到离毛泽东住地王家湾只隔一个山头，形势万分危急。此时，整个陕北保卫中央首脑机关的只有四个连。西北野战军已运动到西线的陇东一带，迎战马鸿逵、马鸿宾集团，且连克数城，活捉了敌军少将副旅长陈应权、马鸿宾的儿子马奠邦。当胡宗南发现西野西进，美制电台测向仪又测出王家湾一带电台信号密集时，急令董钊、刘戡率机动部队，追歼他预料中的"共军首脑机关"。

远在千里之外的彭总闻讯，速用三个"AAA"字的急电，报告毛泽东；用两个"AA"字的急电，指派靠近中央的地方武装，誓死保卫毛主席。

毛泽东遇险之际，首先想到的不是自己和中央的安危，而是朝夕相处的王家湾老百姓。他请高村长转告老乡，不要乱跑，待三支队转移方向定下来，再跟队伍一起走。

从未听过炮声的老乡们，早赶着牛羊、拖儿带女上了东山。侦察员报告："敌人正由东向西扑来！"毛泽东立刻通知高村长，带领群众向西山转移，三支队派兵保护。

高村长不敢隐瞒真情。毛泽东心情沉重，命令三支队："不惜一切代价，追回老乡！敌人从东边来，我们要有计划地组织老乡撤，不能让老乡受损失。把我们的行动方向告诉村干部，让他们带领群众一起转移。"时不我待，警卫人员催毛泽东上马，离开王家湾，他怒气顿生，大手一挥："老乡追不回，我不走！"

"部队带着老乡走，不暴露行动目标吗？"人们从毛主席安危出发，提醒他慎重行事。

"部队已和老乡凝成一体，危难之时，不保护群众，还叫共产党吗！"大事小事都想着乡亲的毛泽东，蹲在院里的树墩上，烟圈在眼前缭绕。

天空乌云密布，雷声炮声已难分辨。刘戡越来越近，"铜钱雨"越下越大。毛泽东命令来此催他上马的指挥员："把警卫排拉上去，一定挡住敌人，直到老乡追回，向西转移，才准撤！"

负责毛泽东安全的警卫人员，看警卫排上了前线，低声嘀咕："哪有警卫部队打仗的？出事咋办？"毛泽东脸一沉："这不让你看到了吗？只想着我，不想着老百姓？"

就这样，警卫排创造了阻击敌人三小时的奇迹。毛泽东站在崖畔上，目送老乡向西转移，才骑马上山，吆喝一声："走！"

民本思想，是传统政治思想中带有民主性精华的部分。刘备的"举大事者必以人为本"，毛泽东把为人民服务作为建党建军的宗旨，二者有区别，也有联系。撤离延安转战陕北之时，毛泽东先群众后自己，甚至置个人安危于不顾，完全是无产阶级和人民大众领袖的本质亮相。辉煌千古，不朽千古。

刘备新野败退不忘百姓，毛泽东延安转移不忘群众，揭示了一个共同真理：得民心者得天下，失民心者失天下；代表群众根本利益者得天下，损害群众根本利益者失天下。这是千古不易的真理，也正是今天共产党人所践行的"以民为本"的思想根源。

"古城会"

一团乱麻，被一个"古城会"的故事轻而易举地理清了。

建国初期，为了搞好统一战线，周恩来在西花厅召开座谈会。

中南海西花厅，夜已深，但客厅里的座谈会仍在进行中。座谈会的主持者周恩来微微垂下目光，扫了一眼腕上的手表，又环视四座。今天被邀请到会的全是民盟中央的负责人，张澜、沈钧儒、章伯钧、楚图南、黄炎培、史良、罗隆基和叶笃义等人。几位老先生不惯熬夜，脸上露出倦容。坐在周恩来身旁的毛泽东，目光炯炯，一边大口小口吸着香烟，一边聚精会神地听史良发言。

进北平后，民盟召开了一届四中全会扩大会议，主要是总结过去的经验教训，确定今后的方针。但是，一总结经验教训，便总结出民盟内存在着一条亲美路线，这条路线的代表人物是罗隆基。于是，会议由总结经验转向了批判罗隆基，进而又扩大到一些"留沪中委"。原来民盟1947年11月被国民党取缔后，一部分民盟领导人如沈钧儒、章伯钧、周新民等去了香港，在那里召开了三中全会，成立了临时总部。另一部民盟领导人留在了上海，形成了以张澜、罗隆基、叶笃义等人为主的事实的核心。处于两地的结果，这两套人马在政策上、策略上发生了矛盾，在四中全会上，矛盾爆发出来，明着批判罗隆基，实际上，矛头所指是冲着张澜。此事却非同小可，争论异常激烈，会议延续了几个月，解决不了问题，中共中央不得不出面干预。

史良的发言，着重批判了罗隆基、叶笃义在上海期间与美国大使馆及驻沪领事频频进行接触的问题。史良话音刚落，张澜发言说："史良同志刚才发言，基本符合事实。不过我想讲清楚一点，罗隆基和叶笃义同志到上海期间与美国人进行联系的问题，都是代表我去的。罗隆基同志因病住疗养院，活动不多，主要是接受美国提供的药品，也和美国总领事齐艾斯谈过几次话，叶笃义的活动多些，但是都是代表我。来北平后，我向毛主席汇报过这个问题。"

张澜的话不多，语气平淡，但软中有硬，而且是在竭力控制着自己的情绪。讲完后，微微阖上双目，一副无所谓的样子，在场的人相信老人的内心是不会平静的。客厅里一片沉寂，张澜毕竟是一位德高望重，对中华民族有过大功的老人，难道能像批判罗隆基似地批判他吗？

周恩来与毛泽东交换一下目光，周恩来简短地说："大家都讲了话，现在我们请毛主席讲话。"

客厅内的空气为之一震，所有的人都怀着期待，也怀着某种程度的好奇心，看毛泽东怎样解开这个微妙而又难解的结。谁都明白，对罗隆基"亲美路线"的批判，更符合中共的胃口，但是，如果惹翻了张澜老先生，却也是相当棘手的事情。大家习惯地拍起了手掌，但每个人的掌声所表达的意思却是不相同的。

掌声中，张澜睁开了眼睛。

毛泽东缓缓扫视四座，轻松地笑道："我看在座诸位，是分三路来北平的。一路是由平山县李家庄来的，以楚图南先生为代表。另一路是由香港到东北解放区，再到北平的，这一路的代表人物是沈衡老（沈钧儒）和章伯钧二位先生。第三路是由蒋管区上海来北平的，这一路代表人物是张表老（张澜），还有罗努生（罗隆基），我看毛病就出在这里了。"说到这，毛泽东点燃一支香烟，深深吸一口，继续说："《三国演义》里有一个古城会的故事。那个一直在根据地里跟着刘皇叔的张飞，对从敌人营盘里过来的关羽有警惕，关羽好不容易来到古城，张飞不让进城。张飞的行动是可以理解的，谁知道你变心没变心呀。后来关羽斩了蔡阳，用行动证明了自己不是曹操的人，张飞立即开城门迎接，对关羽待之以兄弟之礼。这就是古城会的故事。起初兄弟之间闹了些误会，以后误会解除了，又重新团结起来。我看我们现在的问题是同样性质的问题，是不是呵！"

客厅里响起会心的笑声，张澜的双眸闪烁出光彩，罗隆基僵板的脸上也呈现出生动的笑纹。

毛泽东接着说："刚才张表老说，他一来北平就对我谈了他们在上海同美国人联系的情况，我当时说，对此事，我能够谅解。我看，对历史上的一些问题不要看得太重了，有些事如果硬是追出个子丑寅卯，也不见得好，关键是看现在，看今后。政协会议通过了《共同纲领》，这是我国现阶段的根本大法，是我们团结的基础，只要是在这个根本问题上没有分歧，就应该团结起来。民盟这次会，开了几个月了，我们很关心各民主党派的团结，朋友们也很关心，我希望大家最终还是要团结起来。"

一团乱麻，被一个"古城会"的故事轻而易举地理清了。毛泽东亲自出面，平息了上海同香港的民盟之争。

住涿州谈刘备

"我们进了北平，决不做李自成，将来也决不可以学刘备。干革命决不可以感情用事。"

1949 年 3 月 24 日傍晚，吉普车队开进了涿州县城，毛泽东一行人住在了第四野战军四十二军军部的大院里。

在毛泽东的身边，李银桥和卫士组的几个人又听毛泽东同他们讲起了《三国演义》的故事。

毛泽东饶有兴趣地对大家说，《三国演义》中的刘备就是在涿州同关羽和张飞结拜成异姓三兄弟的，这里就是书中说的"桃园三结义"的地方；又说刘备的野心大，从一个织草席、卖草鞋出身的人，经过二十几年的风雨搏斗、军阀混战，才在诸葛亮的辅佐下临时占据了湖北的荆州，后来又夺取了四川，总算站稳了脚跟；但他志大才疏学识浅，好感情用事，在许多问题上用感情代替了政策。因为想报二弟关羽被东吴杀害之仇，置江山社稷于不顾，不听诸葛亮等谋臣的劝阻，贸然负气出兵，结果被东吴打得大败而归。自己无颜再回成都见诸葛亮和文武百官，死在了临近湖北的四川省东部奉节县城东的白帝城。

毛泽东以他渊博的知识侃侃而谈，他身边的工作人员们津津有味地听着。毛泽东最后又语重心长地说："历史上的教训应当注意呢！我们进了北平，决不做李自成，将来也决不可以学刘备。干革命决不可以感情用事，无论做什么工作，只要是为了党的事业和人民的事业，我们每个同志都可以牺牲自己的生命；但如果是为了个人的私利和亲戚朋友、为了自己的小家庭和老战友、老同学以及小团体的私利，我们每个人是万万不可以感情用事的。"

听了毛泽东的话，大家纷纷点头，牢牢记住了进城以后一不做李自成，二是将来不学刘备，三是对待革命工作决不感情用事……警卫战士们牢牢记住了毛泽东的谆谆教导，以自己的模范行动证明了这三点都做到了。

诸葛亮"办事之人"

"这里有条小河叫蜀水,常使我想起诸葛亮。诸葛亮用兵不厌其诈,我们也来学学孔明,怎么样?"

早在湖南第一师范求学期间,毛泽东在《讲堂录》里就说诸葛亮是"办事之人",他多次提倡人们要学诸葛亮的"鞠躬尽瘁,死后而已"的精神。他自己曾经表示:"我也要鞠躬尽瘁,死后而已呢!"

早在井冈山时期,毛泽东就在战斗中借鉴诸葛亮的经验。他曾经说:"这里有条小河叫蜀水,常使我想起诸葛亮。诸葛亮用兵不厌其诈,我们也来学学孔明,怎么样?"

1948年,他对警卫员说:"我毛泽东一不是释迦牟尼,二不是诸葛亮。说是诸葛亮,也有错用关羽和错用马谡的时候啊!"当警卫员问及马谡失街亭,害得诸葛亮只得冒险摆空城计时,毛泽东说:"这也是诸葛亮用人不当呢!"毛泽东以史为鉴,在不同的历史时期都在不断从诸葛亮的身上汲取经验教训。

1950年4月,毛泽东在北京中南海对董其武将军说:"有人害怕共产党,那有什么可怕呢?共产党心口如一,表里一致,没有私利可图,要团结一切可以团结的人,把我们国家搞好。你看过《三国演义》吧?共产党就是以诸葛孔明的办法办事。那就是'言忠信,行笃敬,开诚心,布公道,集众思,广众益'。"

1956 年 4 月，在与天宝（桑吉悦希）、瓦扎木基谈及有些民族地区出现有被俘的叛乱分子，放回后又叛乱的问题时，毛泽东又告诫说："诸葛亮就是七擒七纵，我们共产党为什么不可以八擒八纵呢？"据当时的凉山彝族代表瓦扎木基回忆，当他向毛泽东汇报凉山人民要求废除奴隶制度，实行民主改革时，"主席从三国时诸葛亮说起，引经据典，教育我们要有气魄，有胆略，搞好彝族地区的民主改革"。

1962 年 2 月，他在和南京炮兵工程技术学院院长孔从洲谈日益进步的科学技术时，又谈了诸葛亮的兵器改革，说："我们祖先使用的十八般兵器中，刀矛之类属于进攻性武器，弓箭是戈矛的延伸和发展。由于射箭误差大，于是又有了弩机，经诸葛亮改进，一次可连发十支箭，准确性提高了。他征孟获时使用了这种先进武器。可是孟获也有办法，他的三千藤甲军就使诸葛武侯的弩机失去了作用。诸葛亮经过调查研究，发现藤甲是用油浸过的，于是一把火把藤甲军给烧了。"

"挥泪斩马谡"

"非杀不可。挥泪斩马谡，这是万不得已的事情。"

　　京剧《失空斩》是毛泽东最爱看的戏之一。所谓《失空斩》，就是《失街亭》《空城计》和《斩马谡》三部折子戏的合称，是根据《三国演义》的故事改编的传统保留节目。其主角，一个是诸葛亮，另一个就是马谡了。

　　诸葛亮"挥泪斩马谡"的故事，历来是作为严格执行法纪、军纪的范例而在民间和军中流传。毛泽东也常用这个故事教育、启发干部，形象地说明问题的实质。

　　1948 年 8 月，毛泽东要王建安担任山东兵团副司令员。协助许世友攻济南。王建安立即作了保证。毛泽东满意地说："好！我喜欢你的痛快。我们这叫演一场《失空斩》的戏。你是副将王平。失了街亭，打不下了济南，我先斩许世友，我也要打你四十军棍；我嘛，则向中央上表，官降三级，你看行吗？"王建安表示："看主席说到哪里去了，如果拿不下济南，先斩我好了。"毛泽东最后说："好好好，我们这是君子协定，就这么定了。"

　　1951 年 11 月底，河北省委在省会保定召开第三次代表大会。在会上，李克才同志把刘青山、张子善的问题公开揭露了出来。天津地区的代表纷纷上台发言表示支持李克才，进而又揭发出刘、张的许多其他问题。省委组织部长代表省委当即在会上表态，要严肃处理。通过调查证明，刘青山、张子善严重触犯了党纪国法。12月4日，省委通过决议：开除刘、张的党籍，依法对其拘留审查。

"刘张事件"上报华北局。华北局又上报中央。那天，毛泽东和刘少奇、周恩来、彭真、薄一波等书记处领导在颐年堂开会，专门研究杀不杀的问题。毛泽东说："非杀不可。挥泪斩马谡，这是万不得已的事情。"1952年2月10日，河北省特别法庭判处刘青山、张子善死刑。

毛泽东说："正因为他们两人的地位高，功劳大，影响大，所以才要下决心处决他们。只有处决他们，才可能挽救20个、200个、2000个犯有各种不同程度错误的干部。"

可见，"马谡"所犯的错误实在太大，罪不可恕。虽功勋卓著，也不得不杀。

"可以组织屯垦戍边么！"

"可以去海南岛、去北大荒、去新疆，上山、下乡、下海，劳动就业就是了。"

1955 年元旦期间，王震将军到中南海见毛泽东。

在菊香书屋会客室，李银桥给王震沏茶水时，王震笑着说："当年的神枪手如今更英俊了，身材也魁梧了！"

李银桥看了看毛泽东，然后对王震笑道："王司令才是更英俊、更魁梧了呢！也比在陕北时胖了……"

毛泽东这时说："王震要能胖就见鬼了！"又说，"还是瘦些好，像我现在这样，再在陕北转战就拖累了！"

王震对毛泽东说："主席，我们打了这么多年的仗，现在战争结束了，那么多退伍军人需要安置，总得想个好办法解决。"

"可以组织屯垦戍边么！"毛泽东说，"中国古代就有屯垦制，管仲搞过，诸葛亮在汉中也搞过呢！开荒就业，治疗战争创伤，巩固边疆、建设边疆，应该是个好办法。"

王震高兴地说："这真是个好办法！可以集体转业，集体安置，做到有组织有纪律，很可以减轻各级政府的不少负担。"

毛泽东挥挥手说："是么！可以去海南岛、去北大荒、去新疆，上山、下乡、下海，劳动就业就是了；我们这样做，一可以巩固社会治安，二可以巩固国防，三可以解决干部战士的就业问题和安置家属，四可以减轻政府负担。有这四个方面的好处，何乐而不为呀？”

要选青年干部当团中央委员

"世界是你们的，也是我们的，但是归根结底是你们的。你们青年人，朝气蓬勃，就像早晨八九点钟的太阳，正在兴旺时期，希望寄托在你们身上。"

1953 年 6 月 30 日，毛泽东在接见中国新民主主义青年团第二次全国代表大会主席团成员的谈话中说："要选青年干部当团中央委员。三国时代曹操带领大军下江南，攻打东吴。那时，周瑜是个'青年团员'，当东吴的统帅，程普等老将不服，后来说服了，还是由他当，结果打了胜仗。现在要周瑜当中央委员，大家就不赞成！团中央委员尽选年纪大的，年轻的太少，这行吗？自然不能统统按年龄，还要看能力。团中央委员候选名单，30 岁以下的原来只有 9 个，现在经过党中央讨论，增加到六十几个，也只占四分之一多一点，三十几岁以上的还占差不多四分之一，有的人还说少了，我说不少。六十几个青年人是否都称职，有的同志说没有把握。要充分相信青年人，绝大多数是会胜任的。个别人可能不称职，也不用怕，以后可以改选掉。这样做，基本方向是不会错的。青年人不比我们弱。"

1957 年 4 月上旬，在四省一市省市委书记思想工作座谈会上，谈到要提拔党龄短、年龄轻但有能力的干部时，毛泽东说："赤壁之战程普四十多岁，周瑜二十多岁，程普虽是老将，不如周瑜能干。大敌当前，谁人挂帅？还是后起之秀周瑜挂了大都督的帅印。孔明27岁成名，也未当过支部书记、区委书记嘛！也是个青年干部嘛！赤壁之战前无名义，之后才当军师、中郎将。古时代可以破格用人，我们为什么不可以破格提拔？"

1958年5月8日毛泽东在中共八大二次会议上的第一次讲话中又讲到周瑜："周瑜、孔明都是青年人，孔明27岁当军师。程普是老将，他不行，孙权打曹操不用他，而用周瑜做都督。程普不服，但是，周瑜打了胜仗，周瑜死时才36岁。"

1958年6月7日，毛泽东在中南海游泳池对陈毅、黄镇及刚回国的外交官说："三国时关张开始因孔明年轻不服气，刘劝说也不行，没封他官，因封大封小都不好，后派孔明到东吴办了一件大事，回来后才封为军师。东吴程普是老将，但叫周瑜挂帅，打了赤壁之战的大胜利。自古以来多是年轻的代替老的。"

1964年3月20日的一次谈话中，毛泽东再以紧迫的口吻提出，现在必须提拔青年干部。赤壁之战，诸葛亮才27岁，孙权也是27岁，孙策起事时，只有十七八岁，周瑜死时不过36岁，那时也不过三十岁左右。曹操53岁，可见青年人打败了老年人。长江后浪推前浪，世上新人赶旧人。1965年1月23日的一次谈话中，他又说："看起来，还是青年人行。群英会上的英雄大多是二三十岁人。青年人比老年人强，贫人、贱人、被人们看不起的人、地位低的人，大部分发明创造，占百分之七十以上，都是他们干的。百分之三十的中老年而有干劲的，也有发明创造。这种三七开的比例，为什么如此，值得大家深深地想一想。结论就是因为他们贫贱低微，生命力旺盛，迷信较少，顾虑少，天不怕、地不怕，敢想敢说敢干。如果党再对他们加以鼓励，不怕失败，不泼冷水，承认世界主要是他们的，那就会有很多的发明创造。

我们近来全民化的四化 (机械化、半机械化、自动化、半自动化) 运动，充分地证明了我的这个论断。"毛泽东由王勃在南昌时的年龄的争论，想及一大堆。

1957 年，毛泽东率中共代表团，前往苏联参加"十月革命"40 周年庆典。在接见中国三千多名留苏学生时，毛泽东心潮滚滚，即席发表了一段演说：

"世界是你们的，也是我们的，但是归根结底是你们的。你们青年人，朝气蓬勃，就像早晨八九点钟的太阳，正在兴旺时期，希望寄托在你们身上。"

风趣而含义深刻的话语，博得中国留学生的阵阵笑声和掌声。毛泽东慈祥、深情地望着这批年轻人，这是代表中国未来的希望啊！当时在场的青年人，后来有不少人担任了中央和省部级的领导，成为各条战线的骨干。

毛泽东重视对青年人才的培养、使用，也是他从三国时代青年人在开拓创新所发挥的作用中，看到了未来和希望。这是他重视培养选拔年轻干部的一贯思想。

诸葛亮的为政秘诀

武侯祠内楹联随处可见，以诸葛亮殿前清末赵藩所题最负盛名。

毛泽东历来对历代名联有着特殊的喜爱。特别是新中国成立后，他常趁巡视各地工作之时，抑或从政之余，怀着浓厚的兴趣，浏览名胜古迹，鉴赏楹联匾额、历代碑刻。

1958年3月，毛泽东游览了成都西郊的杜甫草堂后来到武侯祠。先到碑亭详察了石碑，随后观看了二门和刘备殿的楹联。他对陪同的负责同志说："你们走在前面，你们年轻，应该多看些。武侯祠内楹联随处可见，以诸葛亮殿前清末赵藩所题最负盛名。"

能攻心，则反侧自消，自古知兵非好战，

不审势，即宽严皆误，后来治蜀要深思。

此联系赵藩游武侯祠时借诸葛亮治蜀针砭时弊。此联独特新奇，不落窠臼，提出了"攻心"、"审势"两个颇有见解的问题，给后人以深刻的启迪。毛泽东非常认真地看了此联，反复吟诵。直到晚年，他还提议让四川负责同志好好研读此联。

诸葛亮的审势本领，在他出山以前的两件事上就得到了充分的显露。

第一件事是择主。诸葛亮隐居隆中，躬耕陇亩，正是群雄割据，各方招纳人才的时候。他当时既不投奔近处的荆州刺史刘表，也不受聘于已经实力雄厚的曹操、孙权，而偏愿意接受刘备的邀请，"受任于败军之际，奉命于危难之间"，和刘备一起白手起家创业，这本身就显示了他非同寻常的"审势"胆识。

后来的事实也证明，诸葛亮的这种选择十分明智。"鱼水三顾合，风云四海生"，他与刘备后来成了历史上公认的君臣相得的典范。刘备生前，处处像对待老师一样对待诸葛亮，临终时，还遗嘱刘禅兄弟"父事丞相，令卿与丞相共事而已"。这就为诸葛亮一生充分施展自己的抱负和才能，建立"功盖三分国"的绝世殊勋创造了最好的社会条件。

第二件事就是著名的《隆中对》。这篇全文不足四百字的形势对答，以极其精警的语言，总结历史，分析时势，预示未来，其精确、明晰的程度，都使后世人为之叹绝。

诸葛亮的审势、攻心的本领，在蜀汉政权的建立和巩固过程中得到了淋漓尽致的发挥。这突出地表现在他入蜀以后在政治、经济、军事、外交等各个方面所制定的一系列具体的方针措施上。

在政治上，诸葛亮根据蜀中当时的积弊，确定了严刑峻法的方针。诸葛亮的严刑峻法方针，一是赏罚一律平等；二是赏罚合情合理；三是处罚轻重参考犯错误人的态度；四是辅以一定思想工作。

史学家陈寿记述了当年情景：蜀国经诸葛亮严刑峻法治理后，"吏不容奸，人怀自厉，道不拾遗，强不侵弱，风化肃然"。而且"邦域之内，威畏而爱之，刑政虽峻而无怨者"。

在经济上，诸葛亮根据蜀国山川地理的特点，采取了因地制宜，发挥特长的方针。

灌县的水利工程都江堰，自秦蜀郡太守李冰修建以来，膏流万顷，恩周蜀野，一直是蜀中农业的命根子。诸葛亮认为它是"国之所资"，因此首设堰官，责令每年率领 1200 名士兵专门从事修堰补堤，疏浚河道的工作，以尽可能发挥这一水利工程的灌溉功效。

成都平原沃野千里，气候温和，适宜于种桑养蚕。蜀锦的质量，在东汉末年，就已驰名魏、吴。诸葛亮认为"决敌之资，唯仰锦耳"，它是蜀国经济收入的重要来源，所以鼓励老百姓种桑养蚕，大力发展蜀锦生产。并首设锦官，对蜀锦生产实行专门管理。

四川山岭纵横，地下矿产极其丰饶。早在秦汉时期，盐铁生产已经相当发达。至汉代，开始了火井（天然气）的利用。诸葛亮又从富国强兵的战略眼光出发，专门设置了盐府校尉和司全中郎将，把这些关系着国计民生的盐铁开采和冶铁、铸钱等手工业经营大权直接掌握在官府手中。他还亲自到新津、仁寿等地指导采铁、冶铁、铸剑，至临邛视察火井煮盐，直接促进这些生产的发展。

为了迅速提高生产力，以有限的人力，有限的国土，与当时幅员辽阔、人口众多的魏、吴争雄，诸葛亮还十分重视科学技术的发展。他自己就是个出色的创造发明家，做过不少重大的科技发明创造。例如，他根据汉代的鹿车改进创制的木牛流马，机动灵活，一次可载一人一年口粮，"而人不大劳"。这就大大解决了蜀道狭窄山路险阻所造成的运输困难，并且提高了运输能力。他还发明"十矢俱发"的连弩，大大提高了战争时武器对敌的杀伤能力。

蜀国经诸葛亮治理以后，经济很快繁荣了起来，做到了"田畴辟，仓廪实，器械利，蓄积饶"，农业和许多手工业的生产都达到了当时第一流的水平。尤其是蜀锦生产，形成了"（市肆）之里，伎巧之家，百室离房，机杼相和"的繁荣景象。成都后来称为锦官城，得名也由此而来。

诸葛亮在军事上，根据蜀国当时地小人少的弱点，采用了"精兵"的方针。他一方面从国家人力资源不足的实际出发，进行"减兵省将"，另一方面又积极提高将士的作战素质，培养他们以一当十的气概和本领，以补足与曹魏兵力过分悬殊的缺陷。他又实行定期轮换制，即使在战争频繁的年月，也能保证国家有比较充足的劳力从事生产。他还实行屯田制，让边防前线的将士战时打仗，闲时兼务农业。这样既解决了战争年月后方运粮不继的困难，也在一定程度上补充了因战争而导致的经济上的某些亏损。据史书记载，蜀国当时虽地小人少，但连年劳师而能足食足兵，"兵出之日，天下震动，而人心不忧"。能有这种局面，无疑与诸葛亮采用的这些措施有关。

诸葛亮在外交上和处理少数民族问题上，根据当时三足鼎立的形势，始终坚持《隆中对》中提出的"西和诸戎，南抚夷越，外结好孙权"的方针。荆州失陷，秭归大败，孙刘联盟一度破裂，南中少数民族部分奴隶主和汉族豪强也趁机作乱。诸葛亮从统一的大局出发，同时针对孙权畏曹而又不愿臣服曹魏的复杂心理，在刘备死后，先后派邓芝、费祎、陈震等人多次出使东吴，重修盟好，终于解决了"东顾之忧"。又亲率大军，"五月渡泸，深入不毛"，镇压了南中地区的叛乱，同时以"七擒七纵"的气魄，对以孟获为首的少数民族上层人物在政治上、思想感情上实行争取，对少数民族普通百姓在生产上、文化上实行帮助，风俗习惯上给予尊重，感情上加以安抚。这就迅速获得了少数民族的信任，安定了后方。这些措施，在蜀汉政权的巩固和发展中都起了十分重要的作用。

诸葛亮由于能明审形势，顺应人的各种心理规律实行攻心，他制定的各种方针政策措施在各方面都取得了相当的成就。这些成就，不仅在当时为蜀国上下所公认，也赢得了敌对方有识之士的高度肯定，在他身后一千几百年里，始终受到了人民的一致赞扬。他死后，西南地区的汉族、少数民族人民都自觉地苍祭、野祭、立庙、立祀，来表示对他的不尽思念。

毛泽东所以钟情于这副对联，就是因为它蕴含着诸葛亮的为政秘诀，在"攻心"和"审势"上有独到的地方。所以他多次提到这副楹联，让四川省的负责同志仔细理解治国理政的道理。

破格用人

"古时候可以破格用人，我们为什么不可以大胆提拔。"

1958 年 5 月 8 日，毛泽东在中共八大二次会议上的第一次讲话中，主要讲了"破除迷信"的问题。

在毛泽东看来，学问少和年轻并不一定不能担任领导干部，关键看我们的组织部门和领导是否是伯乐。1958 年 6 月，陈毅率黄镇和另外几位回国的大使一同来到中南海游泳池。……在说到外交上也要破除迷信时，毛泽东说："人太稳了不好，野一点好。"当时，外交官们多少有点吃惊。

周瑜打败了曹操，在周瑜以后，则是陆逊打败了刘备，陆逊也是一位青年将领，他的故事不比周瑜逊色。

陆逊，字伯言，吴郡吴县（今属江苏省）人。吴黄武元年（公元 222 年），刘备为了替自己的义弟关羽复仇，领兵征讨顺江而下，进攻吴国，吴国的形势十分危急，许多大将都感到害怕。孙权知道陆逊有才能，就命令陆逊为大都督，指挥朱然、潘璋、宋谦、孙桓等 5 万大军抵抗刘备。

陆逊很年轻，在他所统率的各部队的将领中，有的是孙策的老将，有的是皇亲国戚，资历比陆逊老，地位比陆逊高，而陆逊当时还没有什么突出的业绩可以让众人心服口服，因此，在前期准备的时候，往往不听陆逊的指挥，各行其是。陆逊知道，如果这样下去，非遭受损失不可。在一次战斗之前，又有几位老将军不服从军令，同陆逊争论起来，各持己见。陆逊没有办法，只好以手握剑，十分严厉地说："你们应该知道，刘备是闻名天下的英雄，连曹操都很怕他。现在刘备的军队已侵犯了我们的边境，大敌当前，我们应该团结一致、齐心协力，共同抵抗刘备。各位将军都是身负重任的人，是国家的栋梁，现在却不听指挥，这样会危害国家的，实在不应该。我虽是书生出身，勋业、资历、威望都不如各位老将军，但我已受命指挥大军作战，国家予我重任，是相信我能不负重托，团结大家完成使命。国家委屈各位将军，也是相信各位能够接受我的指挥，各人都应承担自己的责任，没有理由推辞。否则如何对得起国家的恩惠呢？"面对这种情况，陆逊没有采取强行压制的方法，而是宽怀大度，动之以情、晓之以理，使将领听从指挥，这在当时应该是一种高明的做法。

最后，陆逊严肃宣布，如果有人敢违抗军令，他必定依法惩处之。将领们听了这番恩威并施的话，才逐渐地听从指挥。

陆逊在战争中能够韬光养晦，不为一时一地的利益所诱惑，虽然年轻，却十分稳健，指挥得当。他利用刘备的失误，火烧刘备的营寨。结果连破刘备四十多个军营，蜀军将士死伤数万人，使刘备退到白帝城，最后死在那里。

战争结束后，大家才认识到了陆逊的才能，那些老将们才真正口服心服了。

自此以后，陆逊建立了稳固的威望。

事后，在总结与蜀国作战的经验时，孙权问陆逊：

"在击退刘备的战役中，你遇到了将领不听指挥的问题，当时你为什么不把情况报告我，让我下命令呢？"

陆逊回答说："各位将军都是国家的功臣，要依靠他们创建大业。您对我如此信任，交给我的重任和我的才能很不相称，但为了对国家有利，我能做到忍辱负重。春秋战国时期。蔺相如能容忍廉颇，我和他们相比，还相差很远呢！再说，如果由您来下命令，将领们虽然表面上服从，但那只是服从您，但从心里还是不服从我，这样一来，就会造成更大的麻烦！"

孙权听了，连连称赞："说得好，做得对！"于是任他为辅国将军，封他为江陵侯。

附录:《三国志·陆逊传》(节选)

陆逊字伯言,吴郡吴人也。本名仪,世江东大族。逊少孤,随从祖庐江太守康在官。袁术与康有隙,将攻康。康遣逊及亲戚还吴。逊年长于康子绩数岁,为之纲纪门户。

孙权为将军,逊年二十一。始仕幕府,历东西曹令史,出为海昌屯田都尉,并领县事。县连年亢旱,逊开仓谷以振贫民,劝督农桑,百姓蒙赖。时吴、会稽、丹阳多有伏匿。逊陈便宜,乞与幕焉。会稽山贼大帅潘临,旧为所在毒害,历年不禽。逊以手下召兵,讨治深险。所向皆服,部曲已有两千余人。鄱阳贼帅尤突作乱。复往讨之,拜定威校尉,军屯利浦。

权以兄策女配逊。数访世务。逊建议曰:"方今英雄棋跱,豺狼规望。克敌宁乱。非众不济,而山寇旧恶,依阻深地。夫腹心未平。难以图远,可大部伍。取其精锐。"权纳其策,以为帐下右都督。会丹杨贼帅费栈受曹公印绶。煽动山越,为作内应,权遣逊讨栈。栈支党多而往兵少,逊乃益施牙幢,分布鼓角。夜潜山谷间。鼓噪面前,应时破散。遂部伍东三郡,强者为兵,羸者补户,得精卒数万人。宿恶荡除。所过肃清。还屯芜湖。

悼邹韬奋

　　"热爱人民，真诚地为人民服务，鞠躬尽瘁，死而后已，这就是韬奋先生的精神。"

　　邹韬奋，原名恩润，是一位伟大的爱国者，杰出的新闻记者、政论家和出版家。

　　"九一八"事变后，国难当头，邹韬奋领导《生活》周刊迅速打出了抗日救亡的大旗。从此，抗日救亡成为邹韬奋办报始终不变的主题。《生活》周刊揭露日本帝国主义的侵略罪行，抨击国民党的"攘外必先安内"的反动谬论，高度赞扬爱国军民英勇的反侵略业绩，为掀起全国人民的抗日救亡高潮起到了巨大作用。

　　1933 年 6 月，中国民权保障同盟的副会长兼总干事杨杏佛被特务暗杀后，邹韬奋也被列入了"黑名单"，并被迫出国。

　　1935 年 8 月，回国后的邹韬奋立即加入到抗日救亡的洪流中。

　　11 月 16 日，他在上海创办《大众生活》周刊，响应中国共产党的号召，鲜明地提出了"团结抗日，民主自由"的主张。

　　《大众生活》周刊以坚定的立场、鲜明的主张，深受广大读者的欢迎，销量很快达到 20 万份，影响迅速扩大，再次引起了国民党当局的不安。蒋介石曾先后派特务组织复兴社总书记刘健群、国民党中央宣传部长张道藩，对邹韬奋进行引诱和威胁。后来，蒋介石指使上海的大流氓头子杜月笙出面"担保",诱骗邹韬奋到南京和他"当面一谈"。邹韬奋既不为高官厚禄所动摇,也不为威胁所吓倒。1936年7月15日,他与沈钧儒、章乃器、陶行知一起联名发表了《团结御侮的几个基本条件和最低要求》的公开宣言,并在上海印行成册,发向全国,主张停止内战,联合抗日,成立民族统一战线。

1936年11月23日凌晨两点半,国民党当局以"危亡民国"罪突然将邹韬奋非法逮捕,同时被捕的还有救国会的其他负责人沈钧儒、李公朴、沙千里、史良、王造时、章乃器,史称"七君子事件"。他们先在上海被关押讯问,后又被押在"苏州高等法院"。

"七七"抗日战争爆发后,国民党当局迫于全国人民的压力,于7月31日不得不将"七君子"释放出狱。刚刚结束了243天牢狱生活的邹韬奋,立即又投入到"乐此不疲"、自愿"老死此乡"的新闻工作。

邹韬奋病逝后,1944年11月22日,延安各界两千多人在陕甘宁边区政府大礼堂隆重举行追悼邹韬奋先生的大会,毛泽亲题挽词:"热爱人民,真诚地为人民服务,鞠躬尽瘁,死而后已,这就是韬奋先生的精神,这就是他之所以感动人的地方。"朱德同志的挽词是:"爱国志士,民主先锋。"

"鞠躬尽瘁,死而后已"出自于诸葛亮《后出师表》,是诸葛亮自街亭失败后,听说魏将曹休被东吴打败,魏兵东下,关中相对虚弱。当此良机,他决心再度出师击魏,而朝廷群臣们对此举颇有疑虑。诸葛亮为表明心迹,上《后出师表》,坚定刘禅的决心,解除群臣的疑虑。此表慷慨激昂,尤其是"鞠躬尽瘁,死而后已"这句名言,振聋发馈,给人以忠心报国,不计私利的深刻印象。毛泽东熟读《出师表》和《后出师表》,对这一优秀文化传统,深铭其心,所以当邹韬奋逝世后,他引用了这句名言,痛悼邹韬奋,以纪念这位伟大的民主战士。

"三顾茅庐看出铁"

取得了革命事业成功的毛泽东，急于使贫弱的民族工业强盛起来。"三顾茅庐看出铁"的决心和意志，表明毛泽东真想把钢铁工业抓上去。

"三顾茅庐"是刘备政治生涯中最为辉煌的篇章，是《三国演义》最为精彩的片断之一。

小说第三十七、三十八回，叙徐庶走马荐诸葛之后，刘备与关羽、张飞三次前往隆中拜访诸葛亮。第一次来到诸葛亮的茅庐，亮已外出，三人仅在归途遇亮好友崔州平。数日后，刘备命人探知诸葛亮已回隆中，即与关、张二顾茅庐。途中遇见亮好友石广元、孟公威。到了茅庐，仅见亮弟诸葛均，方知亮又于前日出游。刘备留下一笺，表达倾慕之意，正欲离开，又遇诸葛亮岳父黄承彦，乃怅然而归。过了一段时间，刘备与关、张三顾茅庐，适逢诸葛亮在家，但昼寝未醒。刘备吩咐关、张在门外等候，自己徐步而入，拱手立于阶下，直到诸葛亮醒后，方才相见。刘备虚心请教天下大事，诸葛亮侃侃而谈。刘备深受启发，恳请诸葛亮出山辅佐。诸葛亮被其求贤若渴的诚心感动，终于答应出山。

1958年8月17日至30日中央在北戴河召开政治局扩大会议，确定钢的年产指标达到1070万吨，要比1957年增加一倍。从这以后，毛泽东心中就时刻惦念着钢铁的生产。

9月10日，他南巡到达武汉。当天，专门听取省委第一书记王任重关于全省钢铁生产情况的汇报，并决定在武汉、黄石分别视察一批钢铁企业。

到武汉钢铁公司视察是在9月13日。

那天下午2时许，毛泽东由王任重等陪同从蒋家墩轮渡码头上岸，上了汽车往厂区驰去。不一会儿，车开到总经理办公室。

毛泽东一坐下，便问："什么时候出铁？"

副总经理韩宁夫看看表说："3点左右可以出铁，今天看到出铁还是有把握的。"

毛泽东道："好哇！今天出不了铁我明天再来看，明天出不了后天再来，三顾茅庐也要看到出铁。"

离出铁还有段时间。武钢负责人抽空汇报厂里的基本情况。

毛泽东听韩宁夫讲，将要去看出铁的1号高炉有七十多米高，直径12米粗，日产两千多吨生铁时，满意地说："你们这跟一般的高炉不同，应该叫大大高炉。"

正说着，有人匆匆来报告说，一号高炉快出铁了。大家便起身朝那边走去。

听说毛主席要来看出铁，许多工人群众都聚拢来，足足有上千人。毛泽东被人流簇拥着，由干部们在前开路，攀上高炉炉台。

在炉台中部，毛泽东接见了武钢的职工代表，他们都是被评为劳动模范和红旗手的工人。毛泽东握着他们的手，向他们道辛苦，称赞他们的工作成绩，鼓励他们再立新功。

这时，炉前工用6瓶氧气将炉口烧开了。炉内立即喷出一阵金星火花，又射出一道几尺长的火舌。

台上有人叫了声:"快出铁了!"

毛泽东连忙起身往炉前来。一边问:"出铁需要多少时间?铁水流到哪里?"

旁边的人作了回答。话音未落,红通通的铁水就犹如一条巨龙,从炉内冲出,沿着槽道奔流出来,映出一片红光,炉前一片欢呼。这时刚好是下午3时25分。

头炉铁出的时间不长。毛泽东意犹未尽,问身边的先进生产者们:"隔多少时间出一次铁?"

大家说:"4个小时。"

他犹豫了一会儿,向总经理李一清说:"到前面去看看,看得更清楚些。"

他下到铁台,走到电动泥炮附近仔细看了看冒着火光的铁水,便沿着栏杆向台下走去。

毛泽东的意思是还想看一遍出铁,但时间不允许了。王任重上前说:"主席是不是去看看炼焦炉?""去看看吧!"毛泽东有点不舍地离开了1号高炉。

9月24日下午,武钢职工用1号高炉炼的铁,制成一座精美的高炉模型,送给毛泽东。同时他们写信说:"正当我们1号高炉出第一炉铁水的时候,主席到了武钢,这对我们武钢65000名建设者和生产者,是一种伟大无比的力量,我们一定要以建设好钢铁工业、锻炼成坚强的队伍的实际行动,来报答主席对我们的关怀。"

刘玄德曾经三顾茅庐请人才,毛泽东也要三顾茅庐为钢材。

取得了革命事业成功的毛泽东,急于使贫弱的民族工业强盛起来。"三顾茅庐看出铁"的决心和意志,表明毛泽东真想把钢铁工业抓上去。为此他在1958年提出了颇具激进色彩的"钢铁元帅升帐"、

"以钢为纲"的口号，搞全民大炼钢铁。可惜，为了进一步，结果退两步。他看到的武钢高炉炼出了铁水，可全国的许许多多的"小高炉"却只炼出了一炉炉废渣，这是毛泽东所始料不及的。后来，毛泽东也发现了这个"跃进"不切合实际，因此将指标又降了下来。从失误中取得了教训和经验。

"现在的人民公社运动，是有我国历史来源的"

"那里有一个社会主义作风，我们这个社会主义，由来已久了。"

1958 年 12 月 7 日深夜，毛泽东正在专心致志地读《三国志·张鲁传》。一千六百多年前的张鲁在汉中实行的农村乌托邦令毛泽东神往。读毕，他写了批语。其中说：

这里所说的群众性医疗活动，有点像我们人民公社免费医疗的味道，不过那时是神道的，也好。那时只好用神道。道路上饭铺里吃饭不要钱，最有意思，开了我们人民公社公共食堂的先河。大约有一千六百年的时间了，贫农、下中农的生产、消费和人们的心情还是大体相同的，都是一穷二白。不同的是生产力于今进步许多了。解放以后，人们掌握了自己的这块天地了，在共产党领导之下。但一穷二白古今是接近的。所以，这个张鲁传值得一看。

但有相同的一点，就是极端贫苦农民广大阶层梦想平等、自由，摆脱贫困、丰衣足食。现在的人民公社运动，是有我国的历史来源的。

10 日，毛泽东对《张鲁传》又重新写了一段批语，更加鲜明地把张鲁原始共产主义与人民公社相比附：

我国从汉末到今一千多年，情况如天地悬隔。但是从某几点看起来，例如，贫农、中下农的一穷二白，还有某些相似。……张陵、张修、张鲁祖孙三世，行五斗三世，行五斗米道。"民夷便乐"，可见大受群众欢迎。其上行五斗米道法，信教者出五斗米，以神道治病；置义舍（大路上的公共宿舍），吃饭不要钱（目的似乎是招来关中区域的流民）；修治道路（以犯轻微错误的人修路）；"犯法者三原而后行刑"（以说服为主要方法）；"不置长吏，皆以祭酒为治"；祭酒"各领部众，多者为治头大祭酒"（近乎政社合一，劳武结合，但以小农经济为基础）；这几条，就是五斗米道的经济、政治纲领。

张鲁，字公棋，沛国丰人也。祖父张陵，客居蜀地。在鹄鸣山中学道，编写道书来吸引百姓。跟从他学道的人，每人出五斗米。官府称他为"米贼"。张陵死后，他的儿子张衡推行五斗米道，张衡死后，张鲁继续行道。益州牧刘焉任用张鲁为督义司马，让他与别部司马张修一起领兵攻打汉中太守苏固。张鲁就乘机袭击张修，杀了他，夺了他的军队。张鲁表面承认汉朝，实际上是独自为政，他所建立的政权，在组织形式上和宗教（五斗米道）形式相一致？政教合一，它有军队、有法律、有自己的教育制度。在社会制度方面，也有不少创新。如设立义舍，提供义肉、义米，提供免费医疗，"行路者量腹取足"吃饭不要钱等。这个政权存在了30年，实行了典型的绝对平均主义。

毛泽东在设计未来蓝图时，是遵循马克思、恩格斯和列宁的主张的。他在北戴河会议和这次武昌会议上的讲话，都把社会产品的极大丰富、全体人员共产主义思想的极大提高、文化教育的相当普及、三大差别的消灭作为过渡到共产主义的条件。然而透过毛泽东晚年的理想社会中的核心内容,是实现人与人之间的平等。政治上反对等级制、特权制,经济上均贫富、平均主义。在毛泽东看来,不平等是资本主义的表现,社会主义只有平等,真正消灭了阶级,才是共产主义。

在第一次郑州会议上,毛泽东对三国时的张鲁就十分欣赏。说他"吃饭不要钱,凡是过路人,在饭铺吃饭、吃肉都不要钱,尽肚子吃","那里有一个社会主义作风,我们这个社会主义,由来已久了"。

从以上历史背景来看,毛泽东推荐读《张鲁传》,应是他诸多成功的"古为今用"案例中的败笔,但是他在批注中有关历代农民革命的性质的论断仍是精辟的。从这个角度看,他反复推荐各级领导干部要读《张鲁传》,还是有一点积极意义的。

"生于深宫之中，长于妇人之手"

现在有些高级干部的子女也是"汉献帝"，"生于深宫之中，长于妇人之手"，娇生惯养，吃不得苦，是温室里的花朵，有些是"阿斗"呀！

1958 年 8 月中旬，中共中央在北戴河召开政治局扩大会议。毛泽东召集各大协作区主任开会，他在会上说，我们与劳动者在一起，是有好处的。我们感情会起变化，影响几千万干部子弟。曹操骂汉献帝"生于深宫之中，长于妇人之手"是有道理的。毛泽东以这则故事来告诫领导干部不要脱离群众，要在群众中吸取营养，生根发芽，去增长才干。

还有一次，毛泽东同湖北省委副秘书长梅白谈起领导干部子女的教育问题。毛泽东问梅白："你记得曹操评汉献帝的话吗？"梅白答道："记得。有这样两句：'生于深宫之中，长于妇人之手。'"毛泽东称赞说："不错，你读书不少。现在有些高级干部的子女也是'汉献帝'，'生于深宫之中，长于妇人之手'，娇生惯养，吃不得苦，是温室里的花朵，有些是'阿斗'呀。中央、省级机关的托儿所、幼儿园、部队的八一小学，孩子们相互之间比坐的是什么汽车来的，爸爸干什么，看谁的官大。这样不是从小培养一批贵族少爷吗？这使我很担心呀！"毛泽东借古喻今，强调要对青少年加强培养教育，后来他还用清朝"八旗子弟"腐化堕落的例子，说明对青少年加强管理和教育的必要性。

看来得去"卖年糕"了

"这一般五虎将俱都丧了，只剩下赵子龙老迈年高。我年老了，也要去'卖年糕'，要到福州去卖年糕。南京不去，南京太热了。"

毛泽东晚年时，有几次和身边工作人员感慨地说：我老了，看来得去"卖年糕"了，这是毛泽东的幽默自嘲。"卖年糕"之说来自传统相声《歪批三国》。

在这个经典相声中，苏文茂以其"独家"的"苏批三国"版本考证出张飞他姥姥家姓吴（吴氏生非），三国里有三个做小买卖的（如赵子龙：赵子龙他老卖年糕），还有三个数学家（如曹操：对酒当歌，人生几何）等，其中有这么一段：

甲：哎，对。姜维唱的几句流水板，把赵子龙这点儿家底儿，全给抖搂出来了。后人才知道他是卖年糕的。

乙：哦，姜维是怎么唱的？

甲：这样唱的。

乙：您学一学。

甲（唱）：这一般，五虎将俱都丧了，只剩下那赵子龙他老迈年高！说赵子龙是"老卖年糕"。也就是说一辈子没卖过别的。

这个相声段子毛泽东很喜欢听。他一直以来对相声兴趣颇浓。

1973年12月21日，毛泽东在中南海里，接见43位参加中央军委会议的成员。

此时，毛泽东已年届八旬。

毛泽东并不理会那些面面相觑的将军们，继续沿着自己的思路说下去，"这一班五虎将俱都丧了，只剩下赵子龙老迈年高。我年老了，也要去'卖年糕'，要到福州去卖年糕。南京不去，南京太热了"。

这是毛泽东第一次在正式场合里提到"卖年糕"，幽默之中夹杂着一丝伤感，但更多的还是抒发了他"虎老雄心在"的暮年壮志。

1975年5月，毛泽东对身边的工作人员吟诵了清代严遂成的《三垂冈》中的两句"风云帐下奇儿在，鼓角灯前老泪多"。接着说："这就是我此时此刻的心情！"

"不吾与"、"老泪多"与"卖年糕"有异曲同工之妙，都折射了毛泽东晚年"英雄迟暮"的沧桑情怀，以及对时光无情飞逝的无限感慨。

毛泽东借用"卖年糕"来表达自己暮年"英雄迟暮"的沧桑情怀，以及对时光无情飞逝，事业未达最终理想的无限感慨。

用《三国》故事讽刺、告诫林彪

"孙权劝曹操当皇帝。曹操说，孙权是要把他放在炉火上烤。我劝你们不要把我当曹操，你们也不要做孙权。"

1970年3月8日，毛泽东正式提议，召开四届全国人大，并修改《宪法》。毛泽东同时提议，改变国家体制，不设国家主席。这是毛泽东第一次明确提出不设国家主席。

林彪3月9日在苏州让叶群对在北京的黄永胜、吴法宪说："林副主席赞成设国家主席。"

毛泽东不予理睬。

林彪只得自己出面，让自己的秘书给毛泽东秘书打电话说："林副主席建议，毛主席当国家主席。"

毛泽东的答复很巧妙。他让秘书回电苏州："问候林彪同志好！"

4月11日晚11时30分，林彪在苏州让秘书于运深给中共中央政治局挂电话。当时于运深记下的林彪原话全文如下：

一、关于这次"人大"国家主席的问题，林彪同志仍然建议由毛主席兼任。这样做对党内、党外、国内、国外人民的心理状态适合。否则，不适合人民的心理状态。

二、关于副主席问题，林彪同志认为可设可不设，可多设可少设，关系都不大。

三、林彪同志认为，他自己不宜担任副主席的职务。

林彪这三条意见，第一条是假话，第二条是无所谓的话，第三条是真话，他确实是不愿"担任副主席"了！

中共中央政治局于接到林彪电话的第二日，给毛泽东写了请示报告。毛泽东批示如下：

我不能再做此事，此议不妥。

这是毛泽东第二次毫不含糊地否定了关于设国家主席的意见。

4月下旬，在中共中央政治局会议上，毛泽东借用《三国演义》中的典故，告诫林彪："孙权劝曹操当皇帝。曹操说，孙权是要把他放在炉火上烤。我劝你们不要把我当曹操，你们也不要做孙权。"

毛泽东谈笑风生，而他的笑声中饱含着对林彪尖锐的讽喻。

这是毛泽东第三次表明了不设国家主席的意见。

毛泽东显然吸取了三国中的孙权劝曹操当皇帝的故事中曹操的智慧，挫败了林彪篡党夺权的政治阴谋。

曹操的养生之道

　　"曹操有一首题名《龟虽寿》的诗，讲养生之道的，很好。希你找来读一读，可以增强信心。"

　　毛泽东常以曹操《龟虽寿》的诗为借鉴，以"老骥伏枥，志在千里，烈士暮年，壮心不已"的豪迈的气概，乐观的精神、顽强的毅力来对待生老病死。他对身边的保健医生说："曹操多年军旅生涯不会很安逸，可在一千七百多年前，医疗条件也不会怎么好，他懂得自己掌握命运，活了65岁，该算是会养生的长寿老人喽。你们搞医疗的应该学学，不要使人养尊处优，只想吃好，穿好，不想工作还行？更不能小病大养。保健不是保命，不要搞什么补养药品，我是从来不信这些的。主要是乐观、心情开朗、锻炼身体。""曹操讲盈缩之期，不但在天，养怡之福，可得永年，陆游讲'死去原知万事空'这都是唯物的。"毛泽东告诉他的保健医生，他的一个朋友跟他说过养生之法是："晚饭少吃口，饭后百步走，娶个老婆丑，活到九十九。"他又说："我也有个原则：遇事不怒，基本吃素，多多散步，劳逸适度。"毛泽东的养生健身"十六字诀"，把精神心理放在首句，而发怒是七情之中对健康危害最大的，作为代表提出"不怒"。第二句"基本吃素"，重在"素"与"基本"，这对健康是很有益的。

　　曹操借"神龟""腾蛇"说明人总是要死的，但对生命应有达观的态度，要积极进取。林彪长期有病休养，毛泽东为了鼓励他战胜病魔，曾于1963年12月14日，在给林彪的信中说："曹操有一首题名《龟虽寿》的诗，讲养生之道的，很好。希你找来读一读，可以增强信心。"

毛泽东在阅读《南史》时，读到刘宋时光禄大夫刘镇之30岁时曾得过一场大病，家人以为必死无疑。已置好棺材，不料不久病情好转，最后活到90岁。史家对此评论道："因此而言天道未易知也。"

从这里可以看到，毛泽东是以辩证唯物主义的态度来对待生死的。他认为，人有生必有死，生本身包含着死的萌芽，这是一对矛盾，自然界中的任何事物概莫能外。有些古代帝王妄想长生不老，千方百计寻找灵丹妙药，这是唯心主义糊涂观念。但是人又不能因此而悲观消沉，不思进取，而是"己可造命"，即自己掌握自己的命运，通过积极的养生、锻炼，达到既健康又长寿，最大限度地在有生之年为党和人民多做工作。这充分表现出毛泽东作为无产阶级革命家、政治家、理论家的科学的人生观和革命乐观主义的精神。

评点刘备的组织路线

"看这本书，不但要看战争，看外交，而且要看组织。"

建安一十九年到二十四年（公元 214—219 年）5 年间，刘备打败了刘璋，占有了成都，取得了汉中，奠定了自己鼎立西南的基础，取得了辉煌的成功。但要想进一步发展，也就是要称帝，还有很多困难。道理十分简单，虽然政敌瓦解了，但刘璋在蜀地经营了许多年，形成了盘根错节的关系网，再加上刘璋也是汉家宗室，刘备入蜀又是刘璋请来的，刘璋既拨兵马，又给粮草，应该说对刘备十分尽心，所以刘备一时间很难收服人心。刘备知道，要想收服人心，最重要的是与刘璋的旧部搞好关系，通过任用刘璋故旧中有才能的人来获取刘璋故旧的支持。

刘璋的旧部很多，成分也很复杂，虽然风气比较腐败，官吏大多比较无能，但也并不是没有人材，刘备对此了解很少。针对这种情况，刘璋的旧部法正，及时提出了意见。他说："现今主公始创大业，需要收服人心，许靖的资格很老，与蔡邕、孔融是一辈人，他曾是刘璋的蜀郡太守，您认为他立场不坚定而看不起他，抛弃不用。但是，他的声誉播流四海。您如果不对他以礼相待，天下之人会说主公不重视贤人。应该加以敬重，以起到造成影响的作用。"法正的及时提醒，可以说正是当时最需要做的地方，使刘备避免了一次很大的失误。

不久，许靖做了刘备的长史，继而又被提升为司徒。由于他的资历老，故旧多，名声大，在被起用后，产生了广泛的影响，不仅蜀人对刘备有了好感，连曹操政权中的一些名人，如三公华歆、王朗等人，也不敢对刘备政权小看了。

李严是刘璋旧部的著名人物，应该说还是相当有才能的，他当过都令、护军，在蜀郡很有威望。在刘备攻刘璋时，他临阵投降刘备，刘备拜他为"裨将军"，紧接着又任他为"兴业将军"。刘备临死时，到永安去接受托孤的只有他和诸葛亮两人，足见刘备对他的器重。至于他以后品行不端，那是后事。在当时任用李严，对于稳定蜀郡的人心，是有很重要的意义的。

争取原来核心统治集团成员的支持尤为重要。吴懿、费观和刘璋是儿女亲家的关系，吴懿是刘璋集团中的重要成员，影响很大。吴懿的妹妹又是刘璋的哥哥刘瑁的妻子，其间错综复杂的关系将其紧密地联系在一起。为了取得他们的支持，刘备对他们大加封赏，安排了比在刘璋时期还要重要的官职。尤其有意思的是，刘备又打起了结亲这张牌，在刘瑁病死，吴懿的妹妹寡居的情况下，刘备就与吴懿的妹妹结了婚。其结果自然是争取到了这些人的支持。

对刘巴的重用也极富戏剧性。刘巴一直激烈地反对刘备，在刘备取得蜀郡以前，就表示过坚决不与刘备合作。刘巴是荆州人，在曹操大兵南下攻占荆州时，别人跟着刘备向南逃，而他偏偏掉头向北投奔了曹操。曹操败于赤壁之后，荆州六郡又落到了刘备的手里，刘巴被困在了荆州，诸葛亮写信劝他归附刘备，刘巴加以拒绝了，并逃跑到交趾（今广东、广西一带），后来又从交趾往西投靠了刘璋。刘备本来是知道此事的，并对刘巴的态度深表不满。真是阴差阳错，刘巴刚到西川，刘璋就灭亡了，刘备怕刘巴遇害，在围攻成都时，特意下了一道命令："其有害巴者，诛及三族。"刘备最后找到刘巴，十分高兴。刘巴在刘备的诚心感召下，终于归附。刘备立即将他封为"将军西曹掾"，不几年又让他代法正当了尚书令。据说，张飞对刘巴非常敬重，虽然刘巴多次轻慢他，他也不敢发脾气。当然，这与刘巴的为官清正有关。

对于法正的使用也意味深长。法正是奉命将刘备请接进蜀的人，刘备战败刘璋，应该说他的功劳最大。他本身又富有智计，后来成为刘备集团中仅次于诸葛亮的智囊人物。他对刘备的影响很大，以致诸葛亮在不能阻挡刘备伐吴时想起了法正，慨叹地说："如果法孝直（法正）尚在，必能阻止主公。"在刘备攻下成都后，就封他为"蜀郡太守，扬武将军，外统都畿，内为谋主"。但是，法正有一个十分突出的缺点，即打击报复人往往不计后果，为此他枉杀了好几个人。告到刘备那里，刘备感到十分为难，如果撤了法正的职，就会失去左膀右臂；如果惩治他，就无法充分发挥他的作用、怎么办呢？刘备审时度势，没有惩治他。

团结地方干部，依靠地方干部，正是靠着这些政策和策略，刘备才迅速在四川站稳了脚跟；相反，如果采取打击一大片的方针，他很可能会被赶出四川去，即使勉强呆在四川，也会日夜不得安宁。

毛泽东以一位伟大的政治家和军事家的慧眼来审视《三国演义》，确实看出了常人根本无法看到的问题。例如他这样评论《三国演义》中的刘备入川："看这本书，不但要看战争，看外交，而且要看组织。你们北方人——刘备、关羽、张飞、赵云、诸葛亮，组织了一个班子南下，到了四川，同'地方干部'一起建立了一个很好的根据地。"确是一语中的。对于当时共产党的组织工作来讲，毛泽东的这句话不仅有着一定的启发意义，甚至有着直接的指导意义。尤其对于那些生搬硬套所谓"革命原则"的人，不善于团结一切可以团结的人来说，应该是一针极为有效的清凉剂。

特别是中国革命起于各个革命根据地，毛泽东在组织路线上，正确解决了这一棘手的避免内耗和摩擦的问题。

谋略篇

毛泽东用《三国》

《三国演义》中的治国谋略

"毛泽东是靠了一本《三国演义》战败了蒋介石的八百万大军的。"

《三国演义》是罗贯中根据陈寿的《三国志》、裴松之的注、范晔的《后汉书》以及《三国志平话》等史实和某些传说而创作的历史小说。小说主要的内容是叙述魏蜀吴三国相互之间政治和军事的斗争，史实繁杂，故事曲折，人物生动，有声有色。是古典四大名著中最具韬略的章回小说。

对于《三国演义》这部历史小说，毛泽东早在青少年时期就十分喜爱。他说："读《三国》，不但要看战争，看外交，还要看组织，是政治家、军事家必看的书目之一。"早在井冈山那样斗争环境严酷的日子里，在打土豪时，他还希望在土豪家里能找到《三国演义》之类的书来读。在延安时，他作报告，多次引用《三国演义》的故事借古喻今。1936年，毛泽东在给当时任国民党陕西省政府主席的邵力子写信时，就曾引用"《三国演义》云：天下大势，合久必分，分久必合"，借以形容国共两党的关系要"和"不要"分"。在毛泽东的著作、报告、讲话、演说当中，引用《三国演义》的历史故事，可以说不胜枚举，多有见地。毛泽东对《三国演义》有不同角度的引用、借喻和评论。从中获取了不少治国谋略，而且引用时都赋予新意。

毛泽东为什么喜爱《三国演义》呢？他有自己的独特见解，早在湖南长沙第一师范读书的最后一年，毛泽东在《伦理学原理》第四章《害及恶》的批注中，便提到三国："吾人揽史时，恒赞叹战国之时，刘项相争之时，汉武与匈奴竞争之时，事态百变，三国竞争之时，人才辈出，令人喜读。至若承平之代，则殊厌弃之。非好乱也，安逸宁静之境，不能长处，非人生之所堪，而变化倏忽，乃人性之所喜也。"这正是毛泽东对《伦理学原理》作者泡尔生"无抵抗则无动力，无障碍则无幸福"论点的阐发。可见，毛泽东早年读《三国演义》时，就是从这个基本点出发的。

在新中国初期，他不仅继续沿着古为今用的思路，引用三国故事说明现实问题，他对《三国演义》的喜爱和关注，贯穿了一生的经历。有一个外国军事家曾经赞叹道："毛泽东是靠了一本《三国演义》战败了蒋介石的八百万大军的。"可见，《三国演义》在毛泽东一生革命斗争实践的作用。仅从军事上就可以看出这是一部活的，最适用的兵法战书。

"你看过《三国演义》没有？"

《三国演义》中，多处讲到偷袭、打埋伏，在敌强我弱的形势下，你们是不是先给敌人打圈子，牵着它的鼻子转，等它疲劳了，再设法消灭它的有生力量。

国民党的第五次"围剿"开始后，王震请张鼎丞等人吃饺子，当时，国民党对革命根据地的封锁更加严酷，革命根据地的生活更加困难，能吃顿饺子，简直算是过个年。几个人连吃四大盆。吃过饭，王震用手抹抹嘴，掏钱结账。糟糕，钱不够。

正在这时，被选送到中央红军大学上学的湘赣红十七师青年部部长刘道生推门进来：

"王政委，毛主席刚刚把那批客人送走，请你去呢！"

"好，好，马上去！小刘，你有没有一块光洋，先借给我！"

刘道生回答："有，我有三块呢！你先去，我来结账！"

王震扭头要走，张鼎丞把他喊住：

"咱们可讲好了，我在这里等你，毛主席给你谈话的主要内容一定要给我透点风！"

原来，毛泽东约王震上午九点谈话，当王震准时来到毛泽东住处时，警卫员告诉他说：

"有批客人有急事，临时夹了进去，毛主席让转告你说，十分对不起，让你再等一个多小时。"

毛泽东住处的门口是一株挺拔高大的槐树，遒劲的树枝在寒风中傲挺着。和原来在叶坪一样，毛泽东住的仍是里外套间，里间供休息用，外间摆几把竹椅，几个长条凳，作会客室。一应摆设依然简陋，表现着主人简朴、不拘小节的性格。

毛泽东虽然更加消瘦了，但眼睛仍然是那样炯炯有神。

"汇报的情况怎么样呢？"王震刚坐下，毛泽东就问。显然，毛泽东是问王震向临时中央和军事顾问李德汇报情况时的情景。

一提到汇报，王震气就不打一处来：

"根本就不让我汇报完，这不，我的汇报提纲，您看看！"

毛泽东接过王震的汇报提纲，点燃一支烟，翻看着，露出喜悦：

"很好呀！你的汇报提纲很好呀！"

毛泽东问王震：

"听了你的汇报后，参加会议的领导同志作了哪些指示呢？"

"讲了不少，但中心意思是短促突击，以堡垒政策反对堡垒政策！"

毛泽东轻敛眉峰，沉思了一会儿问王震：

"堡垒对堡垒？敌人有多少人？多少枪？你们有多少人？多少枪？堡垒对堡垒你们摆得满吗？你们的司令部又摆在哪个堡垒上呢？"

王震很是赞成毛泽东的意见，说：

"是呀，敌人兵多枪多，我们和它兵将相对，怎么也对不过！"

"你看过《三国演义》没有？"

"没有看过，但我和那些大学生流亡武汉时期，听那些大学生讲过，三英战吕布、舌战群儒、《出师表》、六出祁山等，知道一点！"

毛泽东深吸了一口烟，循循善诱：

"《三国演义》中，多处讲到偷袭、打埋伏，在敌强我弱的形势下，你们是不是先给敌人打圈子，牵着它的鼻子转，等它疲劳了，再设法消灭它的有生力量。消灭它的办法，可不可以用偷袭、打埋伏，截击敌人的行军纵队，找它的腰部或尾部打？总之，还是要用那个'十六字诀'。千万不能硬攻。尤其是北方军队善守，他们做工事，你们便不要打了。只有这样，你们才能保住一整块地盘，为红十七师返回湘赣苏区准备个立脚之地。不过，有人批我说，打埋伏是三国主义路线。我说，《三国演义》在青少年时期看过，多年来没有再看了，但印象还很深就是了。我的这番话，你回去，可如实转达给弼时同志。其他无关同志，就不要讲喽！"

王震点了点头，又问道：

"那李德、博古同志讲的堡垒对堡垒怎么办？"

毛泽东当即回答：

"当然也要转达，我的是我个人意见，他们的是代表中央和中革军委的意见。"

王震深感毛泽东是一个既坚持原则，又组织观念很强的人。

接着，毛泽东又问湘赣苏区的其他情况，并亲切地问道任弼时的身体、工作情况：

"弼时同志对湘鄂赣苏区的工作过问得多吗？"

王震说："没有听说他过问，不过他是湘赣省委书记，又不是湘鄂赣省委书记。"

毛泽东笑了："弼时同志谦虚谨慎，他从来没有给你们亮过他这个牌子！"

毛泽东站起来，给王震续了茶水后，双手叉腰间，望着王震说：

"弼时专门来电，催你赶快回去。红十七师北上南浔路后，你们湘赣苏区正处在严重的危急关头，很需要你这样熟悉湘赣苏区的干部。

王震者，湘赣人也，你王震还是回到湘赣，去数井冈山的石头吧！"

"二次全苏大会已结束，主席命令我回，我明后天就返湘赣！"王震是个急性子，加之想念战友，想赶快回去。

毛泽东又笑了：

"看来你王震是个急性子，说走马上走，过两天，就是'二七'大罢工十一周年，瞿秋白要主持召开纪念大会，你是二次全苏大会代表中唯一的铁路工人出身的，秋白同志想请你参加大会后再走！"

临别时，毛泽东紧握王震的手说：

"你们湘赣苏区群众基础好，地形也好，预祝你们在反'围剿'斗争中取得新胜利！"

王震望着有些憔悴的毛泽东，十分动情地说：

"望主席保重身体！"

毛泽东关切地说："听说你得了疟疾，还未全好，你也要保重！"

王震向中央政府附近的小饭馆走去，依约去见张鼎丞。他走出很远，回头望去，只见毛泽东仍在寒风中屹立，向他挥手告别。王震也翘首向毛泽东招手。蓦然间，一种说不出的复杂感情在王震心头泛起：几多温暖，几多忧虑，心中像打翻了五味瓶。

这次谈话几十年过去了，王震还忘不了。特别是关于《三国演义》的那些议论，使他开了不少窍。

黄洋界上《空山计》

"你上得山来我别无敬，我准备红米南瓜、南瓜红米，犒赏你的三军，你来、来、来！请你到井冈山上谈革命。"

1928年7月中旬，湖南省委代表杜修经等人，不顾红四军永新县联席会议关于红四军不宜去湘南，应继续在湘赣边界开展游击战争的正确决定，将二十八、二十九团拉往湘南。8月中旬，二十八、二十九团在打郴州时惨遭失败，即所谓"八月失败"。毛泽东指挥三十一团，在广大人民群众的支援下，用四面游击的战术，将敌军11个团围困在永新城附近达25天之久。当得知郴州失利的消息后，毛泽东立即召开连以上干部紧急会议，决定留三十一团团部和一营坚守井冈山，由毛泽东率三十一团三营去湘南迎还红军大队。8月30日，湘赣敌军四个团乘隙进攻黄洋界哨口，何挺颖、朱云卿、陈毅安等根据毛泽东的部署和战术要求，指挥不足一个营的兵力，在地方武装和人民群众的配合下，加固和增修工事，布设鹿寨陷阱，凭险抵抗。进攻敌军不是被枪弹击中滚下山崖送命，便是掉进陷阱踩上竹签受伤，因而东奔西窜，其狼狈之状，可悲可笑，不得不乘夜而逃。

黄洋界保卫战的胜利，极大地鼓舞了红军指战员，大家兴奋不已，议论不止。有的说，这真像当年诸葛亮的空城计；有的说，诸葛亮只会退兵，并没有消灭敌人，哪儿比得上咱毛委员的空山计！接着有人提议，我们也编一段《空山计》唱词，大家都当诸葛亮，唱唱毛委员。
于是便你一句，我一句，他一句，很快汇集成一段《空山计》唱词：

我站在黄洋界上观山景，
只听得山下人马乱纷纷，
举目抬头来观看，
原来是湘赣来的兵。
一来是，农民斗争少经验，
二来是，二十八团离开了永新，
你既得宁冈茅坪多侥幸，
为何又来侵占我的五井？
你既来就该把山进，
为何山下扎大营？
你莫左思右想心不定，
我这里内无埋伏外无援兵。
你上得山来我别无敬，
我准备红米南瓜、南瓜红米，
犒赏你的三军。
你来、来、来！
请你到井冈山上谈革命。

龙普林是按照京剧舞台上诸葛亮的《空城计》的唱腔和板式演唱
的，在一把京胡的伴奏下，他果然是嗓音甜润，唱腔准确，行腔优美，
有板有眼，显得颇有京剧演唱功底。加上他那熟练的表演动作，宛如
当年诸葛亮高坐在城门楼上，面对城门楼下的司马懿及其兵马，城门

大开，一面是若无其事地手摇羽扇，城门观景；一面是悠然自得的弹琴说唱，向犹疑不决的司马懿表白城内无埋伏，城外无援兵，从而使一向多疑的司马懿更加怀疑足智多谋的诸葛亮在引诱他进城上钩，不得不退兵而去。既像当年设空城计的诸葛亮再现，又如黄洋界智勇退敌兵的哨口红军。最令人称绝的是最后一段唱词："你上得山来我别无敬，我准备红米南瓜、南瓜红米，犒赏你的三军，你来、来、来！请你到井冈山上谈革命。"更加显示了红军的英雄气概和无穷智慧，以及高度的革命乐观主义精神和必胜信心。这些远远超过了当年诸葛军师的智勇和胸怀。

京剧《空城计》几乎是尽人皆知，但那时的红军队伍里真正会《空城计》唱腔的人却少得可怜，唯有二团二连连长龙普林会唱京戏，尤其喜欢唱《空城计》。他多才多艺，非常活跃。他个子不高，但长得十分匀称，脸色不白，却十分俊秀，加上他那一对炯炯有神的大眼睛，一看就是个聪明干练的人。他根据京剧《空城计》的唱腔唱词，对大家的创作加以修改润色，终于唱出了一出新的《空城计》。演唱时，他神形兼备，加之他的典型的京剧道白和熟练的表演动作，更加深了京剧的韵味，引得大家也喜欢起京剧来了。

这一天，毛泽东将朱德、陈毅带领去湘南的部队迎回井冈山，悬在他心上的一块石头终于落了地。时值中秋时节，秋高气爽，夕阳西照，景色更加宜人。为了欢迎红军大队归山，在砻市广场上，一阵歌声过后，大家便首推龙普林出来唱新京戏《空山计》。他的演唱悠然而自信，宛转而坚毅，如高山流水，似秋云明月，有声有色，有情有义，十分感人。因"八月失败"自湘南返回的一些同志开始还一脸愁云，随之也云飞雾散，脸上绽开了花朵。一段《空山计》，驱散了人们心头的愁云，唱出了大家的信心。

不久，毛泽东便写出了著名的诗篇《西江月·井冈山》：

山下旌旗在望，
山头鼓角相闻。
敌军围困万千重，
我自岿然不动。
早已森严壁垒，
更加众志成城。
黄洋界上炮声隆，
报道敌军宵遁。

黄忠张飞

毛泽东经常引用《三国》故事借古喻今。

1929 年 12 月，在福建省上杭县古田村，召开了中国共产党红军第四军第九次代表大会。这就是我们党和人民解放军的历史上具有重要意义的"古田会议"。毛泽东的著名文章《关于纠正党内的错误思想》，就是为这次代表大会写的决议的第一部分。毛泽东不是泛泛讲许多大道理，而是给大家讲了《三国演义》中老将黄忠大败夏侯渊的故事，用这个故事来启发和教育大家。毛泽东说："黄忠本来年迈、体衰，很难取胜夏侯渊。可是诸葛亮使用了'激将法'，把黄忠的勇气鼓动起来了。于是黄忠表示：如不斩夏侯渊于马下，提头来见。结果，黄忠果然杀了夏侯渊。"

1944 年 10 月，他在延安中央党校给学员作报告，讲到干部要坚持原则性时，生动地举了《三国演义》中的一个事例，关羽过五关斩六将，护送刘备夫人来到古城，当他叫张飞出来迎接时，张飞却圆睁环眼，倒竖虎须，吼声如雷，挥矛向关羽便搠。毛泽东说："关羽形式上投了曹操，封了汉寿亭侯，杀了颜良、文丑，你又回来究竟是干什么来了，我们也要学张飞的原则性。"

今晚只唱"借东风"，不唱"草船借箭"

"今天，我们不必登上七星坛，风就来了，这还不是个便宜事儿？您就放心大胆地开船好啰！"

1932年4月初，时任中共苏区中央局书记的周恩来，从瑞金赶到长汀召开会议，讨论和批准了毛泽东提出的红军主力远离根据地，"直下漳州"的军事进攻建议。

为了组织好这次战役，毛泽东在会后带警卫排星夜从汀江坐船赶往上杭。他们来到江边，此时风雨正盛。老船工说风大浪急太危险啦。随行的警卫员吴吉清回忆道："这时候，我们的心情都一样。望着这滚滚的江面和乌云密布的夜空，有谁不为主席的安全着急呢？"

只听他很风趣地一字一板地对老船工说："老人家！我们顺流而下，正用得着大风大浪。当年诸葛亮费了多大的劲，才借来了东风啊！今天，我们不必登上七星坛，风就来了，这还不是个便宜事儿？您就放心大胆地开船好啰！"

夜空里，突然飞来两响刺耳的枪声。

紧接着，西岸大山的悬崖之上也打过两声冷枪，好像在回答对方的问讯。看着这个情景，大家都知道进入了被红军打散的敌军残部的封锁线了，便立刻掏出驳壳枪来，把身子贴伏在船沿上，做着应付一切意外的战斗准备。并且在船上仅有的这一小块地方，给毛主席和随行的陆定一同志做好了掩护。可是，毛主席非常镇静，他让我们把枪收起来，然后才不慌不忙地低声说："敌人打冷枪是搜索情况，我们只装作没听见。这样就是胜利。不要忘记，我们今晚只唱'借东风'，不唱'草船借箭'。留着这伙残敌，让我们的赤卫队去收拾好了！"

就这样，毛泽东一行，轻声说说笑笑地到了上杭。

1932年4月20日，红军一举攻下漳州。

毛泽东善于做思想政治工作，有极高的语言说服艺术，当老船工担心风急浪大行船出事。他顺手拈来借东风的故事，并把诸葛亮借东风与"我们"借东风做了比较，指出前者借东风"费了好大的劲儿"，而"我们"借东风"则不必登七星坛"，也就是省劲儿多了，并诙谐地说这是"便宜事儿"，真是妙语天成。在大风大浪面前，毛泽东以轻松自如的谈吐。形象生动的比喻，由浅入深的引导，把困难条件一下子化为了有利条件，循循善诱地说服了老船工，也说服了面对恶劣天气为他安全着急的警卫战士，创造了"胜似闲庭信步"的氛围，足令担心者放心了，着急者沉稳了，大家满怀信心地去战胜困难。

遇到敌人打枪，他出奇的冷静沉着。在判断是残敌盲目打枪探问情况后，他又顺着刚才的思路说：今晚只唱借东风，不唱草船借箭。只唱借东风，是因为行船的目的是到达上杭指挥攻打漳州的战役，不可因途中恋战而贻误军机；不唱草船借箭，是告诫拔枪欲战的警卫人员不可轻举妄动。用《三国演义》中两个故事情节，表达了自己的"战斗方案"。毛泽东的语言艺术不能不令人拍案叫绝。他所导演的三国戏剧，最终使险境变为通途。

"说破英雄惊煞人"

勉从虎穴暂栖身，说破英雄惊煞人。巧借闻雷来掩饰，随机应变信如神。

> 勉从虎穴暂栖身，
> 说破英雄惊煞人。
> 巧借闻雷来掩饰，
> 随机应变信如神。

这四句诗说的是当年刘备羽翼未丰、屈居曹营的故事。刘备确是个聪明人，他深知自己栖身虎穴，决不能让疑心很重的曹操识破他的雄心壮志。而当他的心机突然被曹操道破，一下子使他露出惊恐神色时，他又巧借闻雷来加以掩饰，从而避免了一场眼看就要发生的杀身之祸。

毛泽东遇险不惊，随机应变的本领一点也不亚于刘备。他在紧急关头不动声色的和张国焘周旋，在识破张国焘阴谋的情况下，采取了有利的措施，躲过了张国焘的明枪暗箭，终于脱离了险境。

红军长征到达四川懋功，毛泽东率领的一方面军和张国焘部的四方面军会合。从此毛张之间发生了北上还是西进的分歧。经过毛泽东的努力，在毛儿盖勉强达成共同北上的协议，同时将两个方面军分编成左路军和右路军。张国焘统左路，毛泽东率右路。但这样做并没有消除分歧。张国焘的左路军中有支持毛的朱德和刘伯承，毛泽东的右路军中则有张的心腹陈昌浩。毛泽东到班佑时，张国焘分裂的迹象重新出现。张国焘借白河涨水左路军无法渡河，重提他的西进计划。毛泽东则以中央委员会的名义要求张继续北上。张仗着人多枪多，拒不服从，并向右路军指挥部里的陈昌浩发来一份密电，企图用"彻底开展党内斗争"的方法来挟持毛泽东和右路红军随他西进。由于叶剑英的机警，毛泽东先于陈昌浩知道了电报的内容，形势非常紧张，因为毛泽东的部队早已分散，第一军团距班佑有两天的路程，而附近却有张的两个军。彭德怀着急，如果四方面军要缴三方面军的械，我们该怎么办呢？他敦促毛：抓住一些人质，以防止出现红军部队自相残杀的不幸局面。

毛泽东没有采纳彭德怀的建议。他知道张国焘电文中"彻底开展党内斗争"是什么意思，但毕竟没有公开威胁要"武力解决"中央。如果先自采取抓人质的办法，那一场自相残杀倒真是不可避免。他装做什么也不知道，去会见陈昌浩。陈向毛泽东转告了张国焘的命令。毛泽东竭力设法争取陈昌浩赞同他的主张，他很相信自己的说服能力。但是，陈对张唯命是从，根本听不进毛的劝告。

最后的争取工作已无济于事，毛泽东心里有底，事情到了千钧一发的时刻。后来他说，那是"我一生中最黑暗的时刻"，他为之奋斗的一切都可能在这短短的一刻丧失殆尽。长征可能中途而废，天亮之前红军也许就要自相残杀了。

怎么办？毛泽东知道劝说无效，于是对陈说，假如部队要改变路线，他必须和政治局的其他人商量一下。他说，周恩来和王稼祥正在三方面军司令部养病，"让我和洛甫、博古去他们那儿开个会"。陈昌浩同意了。开会嘛，是应该的，反正不同意也得同意。

其实这是毛泽东的脱身之计。分歧不可挽回，力量对比又相差悬殊，唯一的办法就是金蝉脱壳。你走你的，我走我的，至于谁对谁错，只有走着瞧。

毛泽东火速赶到三方面军驻地，和常委们作出紧急决定：第三方面军凌晨二时出发。以什么名义离开呢？毛泽东派叶剑英去告诉陈昌浩：部队要回头南下，要过草地，需要准备更多的粮食，所以动员整个部队天一亮就去地里割青稞。陈没有表示反对，他一点也不担心，他认为毛泽东只有那么多人，不敢自行离去。

等陈昌浩发觉一方面军开拔后，毛泽东的人马已经离开了陈的"势力范围"。陈派了红军大学的一个学生和四方面军的一部分人，举着"反对毛泽东逃跑"的标语追上来。毛泽东对他们说：想南下的，请便；不愿北上的，也请便，绝不强迫。南下是没有出路的。至于不愿意和党中央一起北上的人，可以等一等。我们可以作为先头部队先走一步。我们先走，去开辟根据地，完成我们的任务。我们欢迎你们来参加我们的队伍。我相信，一年之后，你们会来的。

毛泽东说得一点不错。四方面军经过一番挫折，最后还是回了头，于1936年10月10日到达陕北。整整一年，一天不差。红军三大主力在毛泽东的坚持下，终于完成了举世闻名的万里长征，在陕北胜利会师，开始新的战斗历程。

杨尚昆说：长征中，毛泽东率领一、三方面军单独北上，是极为关键的一步。没有这一步，也就没有一年以后三大主力红军在西北大会师。如果没有北上这一着，一、二、四方面军统统集中在藏区的贫瘠地区，慢慢地就会被消灭了。因为那里既没有条件扩大军队，更没有条件搞生产，那里是草原和不毛之地，敌人把几个小山口一封，你就没有办法了。

结果毛泽东的韬略获得了胜利。

"合则两利，分则两伤"

毛泽东很欣赏"天下大势，分久必合，合久必分"。认为这符合辩证法。

从 1936 年到 1964 年，在近 30 年的时间里，毛泽东在涉及革命和建设的大事面前，先后几次引用《三国演义》开篇的头句话"天下大势，分久必合，合久必分"，他认为这句话很符合辩证法。

《三国演义》的作者给周秦以来中国封建社会的历史发展概括了一条规律：天下大势，分久必合，合久必分。这种统一和分裂代谢的历史观较为符合中国封建社会的历史发展过程的表象，在一定程度上表现了人民群众反对分裂要求统一的愿望，有历史进步性和人民性。因此它成了人们评定历史评定事情发展规律的口头禅。具有浓厚三国情结的毛泽东，用唯物辩证法的眼光去观照《三国演义》的这句话，紧紧抓住了其"符合辩证法"的精髓。

在《三国演义》里，这句话只适用于社会历史现象，毛泽东却做了广泛的发挥。党派之间的分离与合作，党内的团结与斗争，国际间的和平与战争，生产规模的集中与分散……都被这个规律所笼罩着，说明了他把《三国演义》中这句话里的辩证法广泛活用到现实生活中去了。

但是，《三国演义》作者的分合论，在承认社会分与合、乱与治的相互转化的辩证性外，作为历史观却带上明显的宿命论色彩。"合久必分，分久必合"的两个"必"字，很容易使这种历史观导致历史循环论。因为它掩盖了社会历史每次分合的具体历史内容，抹杀了社会历史每次分合是在进步与倒退的斗争中螺旋式上升的事实，而不是分与合的机械的平面的简单循环。

1938 年 5 月 4 日，延安抗大的学员聚精会神地听毛泽东讲课。

毛泽东指出，国共合作分为三段，第一段两党合作，第二段两党分裂，第三段两党又合作。毛泽东说："按照中国古书《三国演义》——你们看过吗？——那里开头就说'话说天下大势，分久必合，合久必分'，过去分了 10 年，现在又合起来，当然，把这话拿到现在来说是不正确的，现在合起来不一定再分。我们可以把它改成两句话：国共两党，合则两利，分则两伤。"正是基于这种分合论本身的缺欠，毛泽东有时使用时对其进行了批判性的改造。他认为老是分合就搞不成什么事情了，就会犯错误。分合是有历史前提的，在国共合作抗日救国的情况下讲"合久必分"就是"不正确"的。这是毛泽东远比《三国演义》作者高明的地方，也是他对待文化遗产态度科学的地方。他是站在历史进步趋势的大前提下，来正确区分"合"与"分"的性质，从而去制定正确的政策和策略。

黄盖巧使 "苦肉计"

"这叫周瑜打黄盖，愿打愿挨，革命的自觉性嘛！不能吃苦怎么能打败日本帝国主义，不能吃苦怎么能建设新中国？"

《三国演义》第四十六回，书中说赤壁之战中，东吴老将黄盖向周瑜提出愿意诈降曹操，以便借机火攻曹军。周瑜道："不受些苦，彼如何肯信？"黄盖表示愿受皮肉之苦。次日，周瑜会集众将，令诸将各领三个月粮草，准备御敌。黄盖故意表示反对，提出若不能及时破曹，不如投降。周瑜大怒，责骂黄盖涣散军心，喝令将黄盖斩首。众将苦苦求情，周瑜怒不可遏，推翻案桌，喝令赶快行刑，责打黄盖一百脊杖。打到五十下时，黄盖已皮开肉绽，鲜血迸流。众将官又苦苦求免，周瑜方才指盖而言："且寄下五十棍！再有怠慢，二罪俱罚！"说罢含恨入帐。黄盖当众受辱被刑，曹兵的细作把此情报告给曹操，此时黄盖又差人秘密送来诈降书。机敏过人的曹操也被蒙在鼓里，对黄盖的投降深信不疑。后来黄盖利用曹操的轻信，将舰船堆满柴草，灌上膏油，乘东南风起，靠欺骗迫近曹营，放起大火，烧得曹军死伤无计。为孙刘联军的赤壁破曹建立了大功。

黄盖和周瑜为了维护孙刘联军的利益，战胜曹军，一个愿打，一个愿挨，共同完成欺骗曹操的"苦肉计"。小说中的这个情节被后人提炼成一句歇后语。

毛泽东给陕北公学的学生们讲演，想到了这句歇后语。

那是 1938 年 2 月的一天，毛泽东在成仿吾、罗迈、邵式平、周纯全等校领导的陪同下，来到了陕北公学，准备向学生们讲话。那时，国统区的一些青年学生，冲破重重封锁，来到延安，进陕北公学学习。

毛泽东环视一下会场，说："同学们，过去你们大都是城市里的洋学生，现在成了山沟里的土学生。"

毛泽东指了指会场，又说："你们看，开会没礼堂，上课没桌子，睡的是土窑洞，吃的是小米饭。你们能不能吃苦呀？"

"能吃苦！"同学们齐声回答。

"你们愿不愿意吃苦啊？"

"愿意！"

"为什么要自愿到延安来吃苦呢？"

毛泽东这一问，会场上顿时活跃起来，有的说为了参加革命，有的说为了学习马列主义，也有的说延安有毛主席、有共产党给我们做榜样……

毛泽东接着说："这叫周瑜打黄盖，愿打愿挨，革命的自觉性嘛！不能吃苦怎么能打败日本帝国主义，不能吃苦怎么能建设新中国？"

毫无疑问，打击入侵者和建设新中国都是艰苦备尝的事业。

青年学生们舍生忘死奔赴延安，他们已经初步具备了自觉吃苦的精神。

黄盖为了打击入侵曹军情愿皮开肉绽；青年知识分子为了抗击日寇不怕风餐露宿，住土窑，吃小米……

对战胜艰难困苦他们都表现出一种强烈的自觉意识。

毛泽东引用这句三国歇后语，在轻松幽默的谈话中，把历史和现实巧妙地连接起来，水到渠成地宣扬了艰苦奋斗的民族优良传统和革命自觉意识。

而且，这种张扬，不是说教，不是硬性灌输，而是循循善诱，春风化雨入人心。

青年学生们听了"周瑜打黄盖"的比喻，会心地一笑，那正是人同此心、心同此理的认同。

毛泽东在青年时代，就常常提起"嚼得菜根，百事做得"的俗语，后来参加革命了，他又多次引用"艰难困苦，玉汝于成"这句古语。这两句话，阐明了一条亘古不变的道理：愿吃得辛苦，艰难奋斗者，定能事业有成。

"千古奇冤，江南一叶"

"事理纷繁，重在主要矛盾。你读过《三国演义》没有？"

1941年1月17日，在陕北的中共中央部分政治局委员，陕甘宁地区中央局部分成员，还有八路军总部的一些首长们，聚集在一起。气氛是凝重的，凝重中还带有几多悲愤。

这天，蒋介石在重庆以国民政府军事委员会的名义发布通令，宣布新四军为"叛军"，撤销该军番号，并将军长叶挺交军法审判，通缉副军长项英。

任弼时愤愤地说："蒋介石是个十足的流氓，无赖！"

朱德用他那浓重的四川方言谴责："老蒋破坏抗日，不以国家民族大义为重，是民族的罪人！"

陕甘宁边区中央局书记高岗突然站起来大吼："蒋介石消灭了我们的一个军部，杀了我们9000人，这是多么触目惊心的血腥屠杀呀——这是马日事变和'四一二'反革命政变的重演！国共合作已经完全破裂了，我们要反击国民党！"

毛泽东吸着烟，听着战友们的议论，平静而又十分坚定地说："人不犯我，我不犯人，人若犯我，我必犯人。在14日我已致电周恩来、叶剑英准备在政治上、军事上全面反攻。蒋介石一切仁义道德都是鬼话，反共是很坚决的哟。我们要准备一切力量粉碎其进攻。"

　　说到这里，毛泽东端起茶缸喝了一口水，轻轻地咳嗽一声清了清嗓子，继续说："我们是必须制裁反动派，反击顽固派的，但我们要站在严格的自卫立场上，任何党员都不许超过自卫原则。蒋介石既有抗战的一面，又有反共的一面；在反共方面也有两面性，即既有对中共实行高压政策和军事进攻的一面，又有不愿在根本上破裂国共合作的一面。我党的方针便是'以其人之道，还治其人之身'，以打对打，以拉对拉。对他不愿在根本上破裂国共合作的一面，采取联合政策；对他动摇和反共一面，采取斗争和孤立的政策。但是斗争必须是有理、有利、有节，三者缺一，就要吃亏。"这是在对国民党进行了精辟分析之后提出的高明的斗争策略。

　　高岗用一种不解的眼光望着毛泽东。

　　毛泽东又掏出一支烟，但没有点燃。

　　"皖南新四军军部被歼——这是蒋介石杀我们的一刀，这一刀杀得很深。许多人看了这种情形，都非常气愤，就以为抗日没有希望了，国民党都是坏人，都应该反对。我们必须指出，气愤是完全正当的，哪有看到这种严重情形而不气愤的呢？但是抗日仍然是有希望的，国民党里面也不都是坏人。对于各部分的国民党人，应当采取不同的政策。对于那些丧尽天良的坏蛋，对于那些敢于攻打进步军队、进步团体、进步人员的人，我们是决不能容忍的，是必定要还击的，是决不能让步的，因为这类坏蛋，已经丧尽天良，当民族敌人深入国土的时候，他们还闹磨擦、闹分裂。不管他们心里怎么想，他们实际上是在帮助日本人和汪精卫，或者有些人本来就是暗藏的汉奸。对于这些人，如果不加以处罚，我们就是犯错误，就是纵容汉奸卖国贼，就是不忠实于民族抗战，就是不忠于祖国，就是纵容坏蛋来破坏统一战线，就是违背了党的政策。"

所有人的眼光都集中在毛泽东的身上。所有人的注意力都被毛泽东吸引了。

"但是这种给投降派和反共顽固派以打击的政策，全是为了坚持抗日，全是为了保护抗日统一战线。因此，我们对于那些忠心抗日的人，对于一切非投降派、非反共顽固派的人们，对于这样的国民党员，是表示好意的，是团结他们的，是尊重他们的，是愿意和他们长期合作以便把国家弄好的。谁如果不这样做，他也就违背了党的政策。"

"为什么呢？"参谋李卓然听得入了神，忽然这样问道。

毛泽东一手撑腰，一手拿烟。他这样答道："事理纷繁，重在主要矛盾。你读过《三国演义》没有？"

"读过。"

"三国时期，荆州失守，蜀军进攻东吴，被东吴将领陆逊火烧连营700里，打得大败，其原因就在于刘备没有区分与处理好主要矛盾与次要矛盾的关系，在谋略中没有抓住主要矛盾。诸葛亮在《隆中对》中所确定的战略方针是'东联孙吴，北拒曹操'。曹刘是主要矛盾，孙刘是次要矛盾。孙刘的矛盾是统一战线内部的矛盾。所以当孙权数次讨荆州时，诸葛亮总一再推诿软磨，而不硬抗，直到最后才让出荆州的部分地方。刘备不了解这一点，派了根本不执行'联吴为根本，争夺荆州要有理、有利、有节方针'的关羽去驻守荆州。关羽这个人虽然斩华雄，诛颜良、文丑，过五关斩六将，擒庞德，威震华夏，但孤傲自大，刘备封'关、张、赵、马、黄'为五虎大将时，关羽怒曰：'翼德吾弟也；孟起世代名家；子龙久随吾兄，即吾弟也；位与吾相并，可也。黄忠何等人，敢与吾同列？大丈夫终不与老卒为伍！'当孙权派诸葛瑾为儿子向关羽女儿求婚，以结秦晋之好，共伐曹操时，关羽却勃然大怒，说：'吾虎女安肯嫁犬子乎！不看汝弟（诸葛亮）之面，应斩汝首！再休多言。'诸葛瑾抱头鼠窜而去。孙权便攻占了荆州，孙刘联盟瓦解。刘备见关羽被杀，荆州丢失，遂起兵攻打东吴，众臣苦谏都不听，实在是因小失大。正如赵云所说：'国贼是曹操非孙权也，且先灭魏，则吴自服。'诸葛亮也上表谏止说：'臣亮切以吴贼逞奸诡之计，致荆州有覆亡之祸；陨将星于斗牛，折天柱于楚地；此情哀痛，诚不可忘，但念迁汉鼎者，罪由曹操；移刘祚者，过非孙权。窃谓魏贼若除，则吴自宾服。愿陛下纳秦宓金石之言，以养士卒之力，别作良图。则社稷幸甚！天下幸甚！'可是刘备看完后，把表掷于地上，说：'朕意已决，无得再谏。'决意起大军东征，最终导致兵败身亡。刘备在战争指导上的教训主要有两点：一是他不应该派不执行与东吴结好政策的关羽去守荆州；二是不应该因局部利益而损坏与东吴的结盟关系，更不应该起倾国之兵去伐东吴。抓住主要矛盾，分清主次与轻重缓急，先曹后孙才是大局为重的上策。"

听着毛泽东口若悬河般的宏论，在座者无不顿开茅塞，面露欣喜之色。

毛泽东把快吸尽的烟头捻灭，轻轻地丢进烟灰缸，天气太冷，他习惯地搓搓手，又继续分析说："中日民族矛盾和国内阶级矛盾这两大矛盾中，中日民族矛盾仍然是基本的，国内阶级矛盾依然处在从属地位，一个民族敌人深入国土这一事实，起着决定一切的作用。只要中日民族矛盾继续尖锐地存在，即使大地主、大资产阶级全部叛变，也决不能造成 1927 年的形势，重演'四一二'事变和马日事变。"

高岗默默地低下了头。

他的细微动作被毛泽东发现了。

毛泽东笑了笑："同国民党斗争是应该的，必要的，但千万不要忘记了践踏我们国土、屠杀我们人民的日本帝国主义，如果国共两党大规模内战，那可真是'鹬蚌相争，渔人得利'啰！"

毛泽东继续说道："我们在全国主要是实行政治上全面大反攻，但在军事上要作好粉碎蒋介石进攻的充分准备。当然，在军事上除个别地区外，以暂时不实行反攻为妥……大家看这样好不好？对蒋介石的严重斗争，首先要统一全党对皖南事变的认识。"

毛泽东认为，如此在政治上有利，在军事上稳健，可能使蒋介石在半年至一年内，不敢向我进攻。

毛泽东在令人极易感情冲动的情况下，头脑是那样的冷静，这得益于刘备彝陵之败的教训。

刘备和毛泽东面临的难题确有相似之处：荆州被袭击，关羽被擒杀，刘备不能不愤怒已极；皖南风云突变，新四军被歼 9000 余人，毛泽东不能不义愤填膺。

不同的是：刘备怒而失去理性；毛泽东怒而保持了清醒头脑。

失去理性的刘备分不清主次矛盾，看错了主要敌人。盲目地发动了讨吴战争；头脑冷静的毛泽东始终没忘记当时的头号敌人，是对我妄图亡国灭种的日本侵略者。而对统一战线内部"杀得很重一刀"的国民党，其斗争策略是从"政治上、军事上全面反攻"变为"政治上全面反攻，军事上做好粉碎进攻的准备"，以民族大义为重，非常正确地处理了这场危机。历史证明，毛泽东把原则性和灵活性结合得水乳交融，天衣无缝。

面对"千古奇冤，江南一叶"的皖南事变，全军官兵、全党上下都异常激愤。在这样的情况下，任何不理智、不理性的举动，都是点燃灾难火药桶的火星。

毛泽东在此时讲刘备的彝陵之败，总结其中的教训，注意从现实的角度来分析和总结谈及有关的历史事件，并能用它来为现实斗争服务。

我是诸葛亮到东吴

毛泽东既有关云长单刀赴会之勇，又有诸葛亮出使东吴之智。

"单刀赴会"是关云长的故事。是说关云长镇守荆州之时，应东吴将领鲁肃之约，不带人马，只凭一口大刀，渡江与鲁肃会谈，在"借荆州"问题上一阵舌枪唇剑，虽然鲁肃埋伏下刀斧手，可畏惧关云长的勇武神威，终于不敢下手，眼睁睁看着关云长手提大刀，扬长而去。

毛泽东赴重庆谈判，与小说中诸葛亮出使东吴确有相似之处。赤壁交兵前，刘备新败，退守夏口，诸葛亮的军事外交，并没有很强的军事实力作为后盾。东吴内部主战与主和两派斗争激烈，无论诸葛亮站在哪种立场，都有对立面。周瑜虽然和他都是"主战派"，但周瑜嫉恨孔明的才智，怕久后必为东吴隐患，时刻怀着杀害孔明之心。但诸葛亮不愧为足智多谋，"虽居虎口，安然如泰山"。所以能够如此，是因为孔明正确认识和处理各种复杂矛盾：他以一介使者身份出使东吴，却能操纵一切，调动一切。尽管周瑜千方百计要谋杀他，可他坐在一叶小舟上却安稳如山。他出以孙刘联合大局的公心，以智谋斗毒计，使周瑜始终无法下毒手，并促使联军取得了辉煌的战绩。

"我是诸葛亮到东吴！"毛泽东这样讲，表明了他对所处险境的清醒了解，对斗败国民党顽固派的十足信心。毛泽东既有关云长单刀赴会之勇，又有诸葛亮出使东吴之智，诗人柳亚子称毛泽东有"弥天大勇"，此处可见一斑。

1945年8月，毛泽东毅然决定去重庆，认为"这样可以取得全局的主动权"。

在重庆期间，毛泽东会见各方人士，向他们做和平建国的工作，阐明共产党的主张。

这天，毛泽东前往民盟总部（即"特园"，又名"民主之家"）看望张澜和鲜英。

"特园"位于嘉陵江畔，此处受到国民党特务的"关照"。尤其毛泽东来到重庆后，这里由特务装扮的"香烟摊"、"修鞋摊"骤然增加。蒋介石手下的陈希曾强行租下了紧挨"特园"的"康庄"住宅，日夜监视着"特园"的活动，记录下进出人员名单，并投寄夹有子弹的恐吓信进行威胁。对此，毛泽东不屑一顾。

毛泽东与张澜虽然"神交已久"，但这是第一次见面，他对这位"川北老人"十分敬佩。两人一见如故，很快就畅谈起来。

张澜说："润之先生，此次来渝，是我们意料不到的，也为你的安全担忧。"

毛泽东微微一笑，说："我谢表老（张澜字表方）关心。此次单刀赴会，我们是做了充分估计的，也料定他蒋介石不敢冒天下之大不韪，公开扣留我。我是诸葛亮到东吴，身在虎穴，安如泰山呵！"

张澜连连点头，对毛泽东说："蒋介石假惺惺地邀请你到国民党统治下的这块'虎狼之地'，是在演'鸿门宴'，他是不会有诚意的。我曾向蒋介石建议要实行民主，可是遭到了他的拒绝。"

毛泽东道："根据我们多年的经验，蒋介石的主意老早就定了，他要消灭我们，而且是越快越好。靠谈判解决问题是不可能的。不说别的，此次三请四邀我来重庆，可我来了，他却毫无准备，且一切提案还得由我们提出，岂非笑话！"

在整个重庆谈判期间，毛泽东把握全局，以斗争的坚定性和策略的灵活性与蒋介石以谈对谈，以打对打，针锋相对。无论是会内还是会外，谈判桌上还是战场上，蒋介石都很失利，感到不是毛泽东的对手。

重庆谈判期间，毛泽东心中始终装着那位轻摇羽毛扇能够化险为夷的"诸葛军师"的影像，沉着应战，终于在"鸿门宴"中不卑不亢，赢得了最后的胜利，在现代史上留下精彩的一幕。

巧设《空城计》

"我正在城楼观山景，忽听得城外乱纷纷，旌旗招展空翻影，却原来是司马发来的兵。"

毛泽东酷爱京剧，对古装戏尤为喜欢。在转战陕北的日子里，内战全面爆发后，国民党于1947年3月集结二十余万人的兵力大举进犯陕甘宁边区，狂妄叫嚣"二日之内占领延安。"党中央审时度势，主动放弃延安，国民党军所得到的只是一座空城。毛泽东在哪里？共产党首脑机关在哪里？敌人四处侦察，八方追击。毛泽东带领着仅有四个连的中央纵队与敌人周旋。有时与敌人相距仅几华里，但总是巧妙地避开敌人锋芒，一次次化险为夷。据当时担任卫士的李银桥回忆：8月的一天，毛泽东率中央机关来到了一个坐落在山坡上的村子——白龙庙。他坐在一块青石板上，遥望东方的黄河，面对敌人的追兵，忽然情有所系的唱了一段《空城计》：

"司马懿的大军来得好快呀！"

"我正在城楼观山景，忽听得城外乱纷纷，旌旗招展空翻影，却原来是司马发来的兵"那带有浓重的湖南腔，唱出了诸葛亮的镇定自若。当晚，山下国民党几万追兵安营扎寨，篝火望不到头，毛泽东却在山上安安稳稳地睡了一觉。在转战陕北的一年里，毛泽东运筹帷幄，决胜千里，从容地指挥着全国的解放战争，极大地鼓舞了军和民的勇气和必胜信心。

现代《空城计》

"整个蒋介石的北方战线,整个傅作义系统,大概只有几个月就要完蛋,他们却还在那里做石家庄的梦。"毛泽东一纸吓退了傅作义的10万大军!

1948年10月间,国民党军在东北战场连遭重创,蒋介石希图在华北挽回一些颜面,于是命令华北"剿总"总司令傅作义偷袭刚被解放的石家庄。当时,中共中央已从陕北来到石家庄附近的平山县西柏坡,我军在北平和石家庄之间没有部署主力部队,石家庄基本是一座空城。

面对敌人的进攻,毛泽东一面命令石家庄附近的地方部队和民兵做好战斗准备,一面唱起了"空城计"。10月25日,他将修改后的第一篇新闻稿交给广播电台。这篇稿揭露了敌军准备偷袭石家庄的阴谋,明确宣布,我华北军民已做好准备,一定要歼灭敢于冒犯之敌。正准备进犯石家庄的敌第94军军长郑挺锋听了广播后报告傅作义:"昨晚收听广播,得知对方对本军此次袭击石门行动,似有警惕。彼方既有所感,必然预有准备,袭击恐难收效。"此后,毛泽东每隔一天就修改或撰写一篇新闻稿播发。10月27日,广播电台播出了毛泽东撰写的消息《华北各首长号召保石沿线人民,准备还击蒋傅军进扰》,称保石沿线军民已在3天内做好战斗准备;10月29日,又播出了毛泽东撰写的一篇口播稿，报道我保石线两侧各县人民群众，决心配合解放军大举歼敌，已完成作战准备，等待敌人到来；10 月 31 日，又播出了毛泽东为新华社撰写的《评蒋傅军梦想偷袭石家庄》，文中警告："整个蒋介石的北方战线，整个傅作义系统，大概只有几个月就要完蛋，他们却还在那里做石家庄的梦。"

接连播出的消息，使敌人大为惊恐。傅作义感到偷袭石家庄的阴谋已经败露，解放军已经做好准备，继续行动无取胜希望，只好命十几万大军后撤，放弃了原先的计划。毛泽东一纸吓退了傅作义的 10 万大军！

这是令许多人没有料想到的事情，但这是事实，很有些《三国演义》中诸葛亮设"空城计"智退司马懿的意境。也许是吧，难怪毛泽东在得到傅作义急速撤兵的消息后，"看来傅作义还真要学司马懿呢！"毛泽东拿起笔，只说了这么一句话："给他点颜色看看。"他情不自禁地放开他那浓重的湖南乡音，又唱了一嗓子京剧《空城计》里诸葛亮的唱段："我正在城楼观山景，耳听得城外乱纷纷；旌旗招展空翻影，原来是司马发来的兵；我也曾差人去打听，打听得司马领兵就往西行……尔到此就该把城进，为什么犹豫不决、进退两难、所为的是何情……我左右琴童人两个，我是又无有埋伏又无有兵……"

毛泽东唱到这里，对侍卫在身边的李银桥和阎长林笑了笑，又继续唱下去：

"你就来、来、来，请上城来听我抚琴，我诸葛亮缺少个知音的人……"

唱罢一段，毛泽东似乎意犹未尽，又加唱了一段也是《空城计》中诸葛亮的唱段：

"我本是卧龙岗散淡的人，论阴阳，如反掌，博古通今；先帝爷，下南阳，御驾三请；算就了，汉家业，鼎足三分；官封到，武乡侯，执掌帅印；南北征，东西剿，保定乾坤……"

在军事指挥中，毛泽东成功地导演出一出现代《空城计》，充分说明了毛泽东临危不惧，大胆使用《空城计》，大智大勇，吓退了气势汹汹的敌军，充分显示了毛泽东具有的杰出的指挥天才和惊人的胆魄。

群众就是孔明

"不要怕群众，要跟群众在一起。有些同志怕群众跟怕水一样。你们游不游水呀？我就到处提倡游水。水是个好东西。"

1957年7月9日，烈日炎炎，天气很热。在人头攒动的上海干部会议上，穿着衬衣的毛泽东，讲到领导和群众的关系时，先说上面的说假话。按照他的思路，很快由"怕群众"联系到"怕水"。因为他经常把群众比喻为鱼儿的水。

在讲到了一大段怎样学游泳之后，他又把话题归结到群众与水这个话题上，他说："打个比喻，人民就像水一样，各级领导者，就像游水的一样，你不要离开水，你要顺那个水，不要逆那个水……不能跟群众对立，总要跟群众一道……不要脱离他，等于我们游水一样不能脱离水。"

早在井冈山年代，毛泽东就讲过："刘备得了孔明，说是'如鱼得水'，确有其事，不仅小说上那么写，历史上也那么写，也像鱼跟水的关系一样。群众就是孔明，领导者就是刘备。一个领导，一个被领导。"

毛泽东两次引用刘备得孔明如鱼得水的故事。井冈山时期引用这个故事意在说明，水就是"鱼儿"生存之源，刘备须臾离不开诸葛亮，主要强调群众就是孔明，领导者就是刘备，领导者须臾离不开群众。

　　1957年再次引用这个故事，针对性已大不同了：1949年已成立了中华人民共和国，共产党已掌握了全国政权，成为执政党。这以后，党内一些干部，还有一些领导干部，滋长了官僚主义作风，"当官做老爷了"。这样的干部开始害怕群众，像不会游泳的人怕水一样。所以毛泽东提倡学会游水，不要脱离水；提倡群众路线，不要脱离群众。

　　毛泽东在这段讲话中，对水做了淋漓尽致的发挥：水是个好东西；提倡游水；要顺水不要逆水，不要脱离水。其实，这里充满了生活中的哲理，都是在以水比人，正如他所说的："人民就像水一样。"

　　人民是历史的真正创造者。改造客观世界改造主观世界的伟力存在于民众之中，这已经被已往的历史、以往的实践所证明。领导者只有密切联系群众，才能拒腐防变、永葆革命青春；人民军队只有得到群众的广泛支持，才能战无不胜，攻无不克。毛泽东从鱼水关系中找到许多真理，历来把群众当做老师，因而形成了重视群众的群众路线和工作作风。

希望陈毅这个新外长能"破除迷信"

"人太稳了不好，野一点好。子路是个野人，孔夫子离不开他。因为他有'打手'作用。"

1958 年正式接任外交部部长的陈毅，也继承了周恩来的传统，驻外大使回国述职时，他总要设法让毛泽东接见他们一次。

6 月 7 日下午 3 时，陈毅带领几个回国的大使一同来到中南海游泳池。

毛泽东向大使们询问情况，对几个新面孔格外注意。当他的目光转向黄镇时，说："他，我熟悉。"毛泽东又向陈毅说道："对一个同志要熟悉，总要问一问他的历史，什么地方的人，至少要交谈两个小时才能记得。"

"外部一定会有很多迷信的。我这个人就有很多迷信，过去不吃狗肉，父母都反对吃。吃狗肉在我们乡下名声很不好。所以我过去也反对吃狗肉。可是你从没吃过，为什么说不好吃？还不是迷信？后来开始吃了，吃了多次，很好吃。"

"在武汉游水时，许多同志不同意我游过长江，说如何危险。我说我对水有过研究，除急流、温度零下、浅水外都可游，这是大前提，于是就可得出结论说长江这一段也是水，所以可以游。还不是游过去了？有什么可怕的！"

毛泽东说外交上也要破除迷信："人太稳了不好，野一点好。子路是个野人，孔夫子离不开他。因为他有'打手'作用，孔子自从得了子路，就比较平静了些，当然不是压服的办法。王明好像中国的土壤不适合他这个细菌的发展。他说：一、延安整风有 80% 的人被迫检讨；二、搞个人崇拜；三、反对共产国际。第一点是基本上对的，实际是 10% 的人被迫检讨，有什么不好？第三国际是两头好中间坏，国际不倒，中国革命不能成功。我们反对的是教条主义，不是共产国际。搬外国的东西、搬教条就搬坏了。"

毛泽东兴致很高，继续说："三国时，关、张开始因孔明年轻不服气，刘劝说也不行，没封他官，因封大封小都不好，后派孔明到东吴办了一件大事，回来后才封为军师。东吴程普是老将，但叫周瑜挂帅，打了赤壁之战的大胜利。梅兰芳当剧协主席，不是以青衣身份来当的，他只会唱青衣，但不会唱别的角色，当协会主席，就可以照顾全局。"

"自古以来多是年轻的代替老的，"毛泽东说了一句总结性的话，又把目光转向耿飚、姬鹏飞、乔冠华等人，说道："话扯远了，现在拐回来。告诉苏联同志，王明还是暂时不回国好，麻烦他们了。王明一开会要他检讨，他就害病。他写信来说解除他的中委职务，现在不解除。"

陈毅、乔冠华在本子上记着什么。又听毛泽东说道："我两次去莫斯科，头一次去，就不是以平等待遇我，那是什么兄弟党，是父子党。还搞个换文，不许在中国两个地方有第三国人住。两块殖民地，一是东北，一是新疆，两地除中苏两国人不许其他外国人居住，我们东北还有二百多万朝鲜人怎能赶走？还在我们国内搞情报工作；我也向斯大林提过。过去有人就在我外交部找一个女同志给他做情报工作，这位女同志很快就报告了总理。贝利亚也曾派一个人在东北搞情报工作，那是高岗答应的，瞒着中央，以后我知道了，就向尤金提出让他查问此事。新疆也有这种情况。我在一次会上有意提出，有人里通外国，就是指的这个问题。实际苏联情报工作并不灵，为什么'波匈事件'事前不知道？对南斯拉夫问题也是如此。"

在这次长谈中，毛泽东几乎涉及了当时所有的重大问题，如大炼钢铁、中苏关系，等等。他时常"白话"历史，用幽默无羁的语言讲当前的形势。

这一段时间的长谈，使陈毅后来对赫鲁晓夫的交往有了主心骨，那就是一个"敢"字。孔明和周瑜这两位年轻人，就是敢于破除迷信，毛泽东给予了充分肯定。后来陈毅遵照毛泽东的教导，在外交战线上所表现的无所畏惧深得毛泽东的赞赏，成为杰出的外交家，他用魄力和胆略赢得了外交战线上的新胜利。

多谋善断的郭嘉

"要当机立断，不要优柔寡断。应当根据形势的变化来改变计划。反对党内一些不良倾向，也要当机立断。"

由于 1958 年的大跃进运动和人民公社化中出现的问题，1959 年三四两个月内，毛泽东连续写了五封党内通讯，强调要从过去几个月措施失当这样一个深刻的教训中，得到经验。要求各级干部特别是各级领导干部，要善于思考问题，善于做工作，和群众打成一片，倾听群众的呼声，反对独断专行。4 月，在上海召开党的八届七中全会，讨论和通过了 1959 年国民经济计划草案，检查了人民公社的整顿工作。在这次会上，毛泽东曾向到会的党内高级干部推荐读《三国志·魏书·郭嘉传》，并由此谈到党的领导干部工作方法上要注意多谋善断，留有余地的问题。

郭嘉是三国时期的一位著名人物。初在袁绍部下，他认为袁绍"多端寡要，好谋无决，欲与共济天下大难，定霸王之业，难矣！"后经荀彧推荐，成为曹操的重要谋臣，曹操很赏识他，认为："使孤成大业者，必此人也"。郭嘉协助曹操南征北战，策谋帷幄，出了许多好主意，功绩卓著。曹操与吕布作战，打了三次，吕布败退固守，当时士兵都很疲惫，曹操不打算再打下去了，郭嘉建议他"急攻之"，获胜，吕布被擒。曹操想很快征服刘备，众人顾虑出兵后，会受到袁绍从后面的袭击，陷于进退两难的处境。曹操很犹豫，征求郭嘉的意见。郭嘉分析了诸方面的情况，劝曹操：袁绍性多疑，不可能很快采取行动；刘备新兴起，众心尚未归附，"急击之必败"。他还说，打刘备这一仗是决定存亡的时机，"不可失也"。曹操接受了他的意见，立即行动。果然，刘备被打败，袁绍并没有采取出击的行动。

又一次，曹操准备征讨袁尚及三郡乌丸，众人怕刘表指派刘备乘机袭击驻地。郭嘉认为：乌丸离我们远，他们必无戒备，突然予以袭击，一定可以取胜。而且不击败乌丸，他们必定进犯。至于刘表，"坐谈客耳"。他自知才不及刘备，是不敢委以重任，怕控制不了刘备。所以你只管远征，不必担忧。曹操接受他的意见，下了出征的决心。郭嘉又说："兵贵神速。今千里袭人，辎重多，难以取利，且彼闻之，必为备；不留辎重，轻兵兼道以出，掩其不意。"曹操又接受了他的意见，大破乌丸。

《魏书·郭嘉传》说："嘉深通有算略，达于事理"。

曹操说："唯奉孝为能知孤意。"郭嘉38岁中年夭折，曹操非常惋惜，称道他："每有大议，临敌制变。臣策未决，嘉辄成之。平定天下，谋功为高。"

郭嘉足智多谋，而曹操能够问计于郭嘉等谋臣，听取他们的意见，果断地作出决策，这说明他是个知人善用，多谋善断的人物。据薄一波回忆："毛泽东介绍《郭嘉传》让大家看，意思正是希望党的各级领导干部作事要多谋善断。毛泽东说，多谋善断这句话，重点在'谋'字上。要多谋，少谋是不行的。要与各方面去商量，反对少谋武断。商量又少，又武断，那事情就办不好。谋是基础，只有多谋，才能善断。谋的目的就是为了断。"毛泽东还说："要当机立断，不要优柔寡断。应当根据形势的变化来改变计划。反对党内一些不良倾向，也要当机立断。"

"多谋善断"的实质,也可以理解为民主与集中的关系问题。多谋,善于与各方面的人包括与自己意见相反的人商量问题, 善于到群众中去听取各种不同的意见, 这就得有一个好的民主作风: 善断, 能够正确集中来自各方面, 来自群众的意见, 并且不失时机地作出决断, 这就既需要一定的马列主义水平, 又需要革命的胆略和魄力。像郭嘉那样善于分析问题, 提出问题, 为曹操提供正确的建议, 曹操据此才能作出正确的决断。毛泽东很希望党的各级领导一方面敢于和善于正确地反映问题, 提出意见;另一方面善于听取意见, 敢于集中拍板定案。有一次毛泽东在与田家英、李锐、周小舟等人的闲谈中, 又一次谈到郭嘉的历史事迹, 提出:《三国志》里《郭嘉传》值得一读。毛泽东说:"世上没有先知先觉, 没有什么前知五百年、后知五百年的刘伯温。无非是多谋善断, 留有余地。……大跃进出点乱子, 不要埋怨。否则就是'曹营之事不好办'。或者叫'欲与共济天下大难了'!"

毛泽东对干部要求"多谋善断", 不仅在当时, 就是在今天也是我们应该记取的一条经验。

此司马懿敌孔明之智也

　　毛泽东读史是不会受俗议和感情支配的，他总能于人无见识处有见识。

　　陆逊年少统大军抗刘备，犹如当年周瑜挂帅抵抗曹操，自然会有人不服。这对陆逊来说，是对他的统兵驭将之智的考验。既不能在强敌和部下面前"示弱"又不能硬着头皮去硬打，两全之策，便是抬出"主上"之命来。陆逊用的办法正是这样。毛泽东从中看出陆逊之智同曹营里的司马懿稍后领兵同诸葛亮周旋时所用之计的暗合处，他作了批语，一下子牵出诸葛亮、陆逊、司马懿三个分属刘、孙、曹阵营中地位角色相同的高手。

　　毛泽东说陆逊按剑示强于部下，"此司马懿敌孔明之智也"。这里指的，便是诸葛亮最后一次伐魏时，司马懿看出他远道而来，利在急战，采取"以候待变"的战略。于是"亮数挑战，帝不出"。《三国演义》中有关描写，甚至说诸葛亮为了激怒司马懿出战，派人送来妇女衣物以污辱司马懿，司马懿却高高兴兴地接受了，手下将领按捺不住，他也反复劝说。《晋书·高祖宣帝纪》说得更有意思。诸葛亮送来妇女衣物后，"帝怒，表请决战，天子不许"，于是派辛毗杖节前来节制司马懿。"后亮复来挑战，帝将出兵以应之，毗杖节立军门，帝乃止。"这时，诸葛亮看透了司马懿的用心，对手下人说：他本来就不想同我交战，之所以上表请战，乃"以示武于其众耳"。将在外，君命有所不受，他若真想打仗，何必不远千里向天子请战呢？的确，司马懿这一招，既保全了不甘受污辱的面子，又达到了以静制动、以稳待变的军事目的。正像毛泽东说的，这一手，确实"高明"。

结果，诸葛亮病死五丈原，蜀军不战自退。

毛泽东在1966年3月的一次谈话中，曾说司马懿是个了不起的人物，历来说他坏，我看有几手比曹操高明。不过，在历史上，司马懿的名声远逊于诸葛亮，大约是同为"相"，前者谋人之国，后者鞠躬尽瘁之故。在《三国演义》里，司马懿则近乎一个丑角。不过毛泽东读史是不会受俗议和感情支配的，他总能于人无见识处有见识。

毛泽东拿出三位分属于三国地位角色相同的高手相比较，足见其对三国人物研究的透彻，对每个人物的长短处都做了比较，因此才能目光如炬，更深刻地理解历史人物。

兵法篇

毛泽东用《三国》

郭化若研究《孔明兵法》

"化若同志，你能不能写点古兵法文章，宣传点运动战思想，对国民党军的长官，搬古兵法，他们懂，听得进，讲马列、讲唯物辩证法，他们听不进。"

抗日战争忻口战役失败后，有一次郭化若给毛泽东送电报，毛泽东边看电报边说："国民党中的顽固派，花岗岩脑袋，能不打败仗吗？不承认游击战的战略地位，不搞运动战与阵地战相结合。处处招架，处处挨打。"毛泽东看完电报，见郭化若要退出时又说："化若同志，你能不能写点古兵法文章，宣传点运动战思想，对国民党军的长官，搬古兵法，他们懂，听得进，讲马列、讲唯物辩证法，他们听不进。"

为了巩固统一战线，必须耐心去做国民党军官兵的工作，尤其要做好中下层军官的工作，而且只能是说理。郭化若翻阅了许多古代战例，觉得"赤壁之战"比较恰当，因为这一战例说明了一个道理：孙权刘备能胜曹操的根本原因是吴蜀联合，联合则胜，分裂必亡。于是他写了《赤壁之战及其对民族抗战的启示》一文，着重指出当时曹操率80万大军南下攻吴，若吴蜀不实行联合，则必然为曹军各个击破。由于孙权联合刘备，又采取正确的火攻战术，方在赤壁大败曹军。抵抗日寇侵略，中华民族团结则存，分裂则亡。我们的民族团结，长期合作，不但要创造抗日中的新赤壁的战绩，使日寇像曹操一样"引军北还"，还要使他们东归三岛，还要使我们长期合作，建立起独立幸福的新中国。

文章发表在《八路军军政杂志》上，这种杂志是发行到国统区的，许多国民党军的将领看了不无感触，有的给《八路军军政杂志》编辑部写信，说"赤壁之战"读后"令吾深省"，文章可谓"切中时弊矣"。郭化若又发表了《孙子兵法》。有一次周恩来从重庆回延安，他在毛泽东窑洞见到郭化若说："你写的《孙子》的文章蛮好嘛，有些国民党军官向我打听郭化若是何许人，和郭沫若是不是兄弟，我说郭化若是我们共产党的秀才，是专家学者。"毛泽东也风趣地说："郭化若也算是名人了。"毛泽东很高兴，他说："化若同志已经开了个头，文章还要接着做下去。"

1940年底郭化若还发表了《孔明兵法之初步研究》。为什么要研究孔明兵法呢？他看中了孔明兵法的两个重要的思想，即坚持"联吴抗曹"的统一战线思想和重视山地运动战的思想。孔明接受了孙子以后、后汉以前的历代战争经验，有许多伟大思想为孙子所没有的，这就是建立巩固根据地的思想与行动，坚持联吴抗曹的统一战线思想，山地运动战思想，重视山脉在运动战中的作用。这篇文章刊登在《八路军军政杂志》第2卷第三第四期，反响很强烈，国民党军中一些中下层军官还来信索要这两期杂志。当时这本杂志是免费的，由八路军总部管理处通过延安邮局发行。编辑部留的机动数很少，第三第四期一本不剩，最后郭化若的一本也不知道被谁摸走了。毛泽东说："好嘛，写文章就是要有人看才好。"鼓励郭化若研究古兵法，为抗日战争服务。

闲中谈"三国"

"战争上的事，是要讲谋略的；天时、地利、人和，都要讲。战略上要注重天时和人和，战术上要注重人和和地利。"

1948年5月中旬，城南庄中央书记处会议结束后，周恩来和刘少奇、朱德、任弼时一起去了平山县的西柏坡。

一天上午，李银桥正在花山村毛泽东住的房间里沏茶水，从外边散步回来的毛泽东像个孩子似的蹑手蹑脚地走到李银桥的身后，看准李银桥刚刚在桌上放好了暖水瓶和茶杯，便猛然大喝一声："不许动，举起手来！"

李银桥先是一怔，听出是毛泽东的声音，便故作惊慌的样子慢慢向上抬起双手——突然间，李银桥一个转身动作、双手急出抱住了毛泽东的双臂，笑着说："你也不用吓唬我，主席，还是坐下喝茶吧！"

"你很有警惕性么！"毛泽东挣开双臂，笑道："你这个卫士长，我没有选错哩！"

李银桥将桌上的茶杯往毛泽东的面前推了推："主席什么时候选错过人啊？"

"也不尽然……"毛泽东端起茶杯，摇摇头说："我毛泽东一不是释迦牟尼，二不是诸葛亮；就是诸葛亮，也有错用关羽和错用马谡的时候啊！"

看着毛泽东慢慢地喝着茶水,李银桥想了想,有些不解地问道:"主席,诸葛亮怎么错用关羽了?"

毛泽东看一看李银桥,放下手中的茶杯说:"当初诸葛亮留守荆州,刘备调诸葛亮入川,诸葛亮不该留下关羽守荆州。让关羽守荆州是一着错棋呢!"

李银桥问:"为什么?"

"关羽骄傲呢!"毛泽东说:"关羽从思想上看不起东吴,不能认真贯彻执行诸葛亮'联吴抗曹'的战略方针,这就从根本上否定了诸葛亮的战略意图,结果失掉了根据地、丢了荆州,自己也被东吴杀掉了——银桥啊,你要多看些历史书,以后有条件了,我找给你看。"

李银桥点点头:"我只知道诸葛亮挥泪斩马谡,是因为马谡失了街亭,害得诸葛亮用了空城计。"

"这也是诸葛亮用人不当呢!"毛泽东语重心长地说:"我们现在和蒋介石打仗,在政治上是为了民主革命,在军事上也和过去差不多,要研究策略,在正确的大政方针指导下,要调兵选将;俗话讲,千军易得,一将难求么!"

"我知道主席很费神,也知道主席的脑子很累……"李银桥不敢往深里说,只是把自己的一点想法讲了出来,"从小河村到城南庄,我知道主席为陈赓和粟裕的事费了脑子……"

毛泽东的眼睛一亮,不无感慨地说:"陈赓和粟裕,都是百里挑一的将才哩!银桥,你也是善动脑子的人,无论大事小事,道理是一样的;走路要看准方向,与人交往要看准对象……"毛泽东停了一下,喝一口茶水,又说:"银桥,你和小韩阿姨处得如何呀?"

"还好……"李银桥觉得脸上有些热起来,"我也不知道该怎么谈……"

"你是个老实人。"毛泽东微微一笑:"做人要做老实人,但不要做笨人,笨人遇上情况是要误事的!"

在城南庄,有一天李银桥和阎长林带了几个人,跟随毛泽东到村外的山上去活动身体。

这时山上的树木正当枝繁叶茂,也正是山花烂漫的季节。

毛泽东拿着他那根丢不下的柳木棍,在开着许多野花的山路上漫不经心地走着,边走边与他身边的人们聊天:"你们谁看过《三国演义》呀?"

"我看过!"好几个人回答说。

"书中写谁的本事大呀?"毛泽东随口一问。

"关公的本事大,"张天义抢先说:"关公在白马坡前斩颜良、诛文丑,保护皇嫂过五关斩六将,后来还水淹七军,威震华夏,连曹操都怕他呢!"

"他也走了麦城么!"毛泽东淡淡地一笑说。

"赵云的本事最大,"石国瑞说:"他在长坂坡救阿斗,单枪匹马,在曹操的百万大军当中杀了七进七出……"

"我说吕布的本事最大!"阎长林打断石国瑞的话说:"虎牢关三英战吕布。刘、关、张三个人还打不过他一个呢!"

"那他后来为什么又败了呢?"毛泽东漫不经心地问。

阎长林回答说:"吕布有勇无谋,他不听陈宫的话。"

这时李银桥说:"我说还是诸葛亮的本事大,他虽不能上阵打仗,但会用兵,会用计。"

阎长林反驳说:"那他六出祁山,还不是一次没成?"

"谋事在人,成事在天,"李银桥说:"那时是没有咱们毛主席,要是有咱们毛主席,凭他刘备、曹操、孙权、司马懿,谁也不行呢!"

听李银桥这么一说,人们都笑起来,就连毛泽东也笑了:"银桥呀,你什么时候晓得有司马懿了？"

李银桥知道，毛泽东这是讲他把"司马师"说成"死马尸"的事，便说："在杨家沟，我也看了几本书。"

毛泽东停住脚步，在一块大青石上坐下来，用柳木棍拨一拨路边的野草，很认真地对大家说："战争上的事，是要讲谋略的；天时、地利、人和，都要讲。战略上要注重天时和人和，战术上要注重人和和地利。"说着又问李银桥："你都看了哪些书啊？"

李银桥凑上前，想了想说："看过你写的书，还看过列宁和斯大林写的几本小册子。"

"还能看懂么？"毛泽东问。

李银桥抬起手，隔着帽子搔一搔头皮说："有些地方虽说看不太懂，但也比不看强……"李银桥边说边给毛泽东点燃了一支纸烟，"请主席歇歇脚，我们就要到山顶了。"

"登山是个好运动，"毛泽东吸着烟说："既能锻炼身体，又能磨炼意志，还能开阔眼界，放松一下心情。"

"那你以后可要经常登登山，多活动活动，"李银桥对毛泽东说："别老在屋子里写东西，写得你连觉都睡不着了……"

"不写不行么！"毛泽东深吸一口烟，意味深长地说："我们天天都在爬山哩！要打倒蒋介石，解放全中国，这座'山'还需要我们再爬两三年……"

"那不是更快了吗？"李银桥高兴地说："主席去年还说要用五年时间，今年就变成两三年了！"

毛泽东点头说："情况在变化，世界上哪有一成不变的事情呀？"

毛泽东就是这样与朝夕相处的警卫人员，一起谈心、活动。谈话的内容总离不开古代和现实这两个话题，尤其议论起战略战术，毛泽东总是有高人一筹的见解，使警卫人员增长了不少军事知识。

"明修栈道，暗度陈仓"

"明修栈道，暗度陈仓。"在解放战争时期，毛泽东曾用此法成功地击败对手蒋介石。

三国时，魏将邓艾驻军白水北岸。三天后，蜀将姜维令廖化进到白水南岸相峙安营。邓艾分析，姜维部队突然开来，我方兵力不多，按一般的作战要求，他应该不等造好桥梁就先渡河来攻，现在却看不到动静，估计他是想断我归路，让廖化来牵制，自己率主力向东袭击洮城（即洮阳城，在今甘肃岷县百里）去了。于是，他传令三军当夜从小路赶回洮城，果然发现姜维正在那里渡河，因邓艾先进了城，姜维的偷袭没有得逞。这是姜维不善于运用暗度陈仓之一例。在此之后，邓艾袭蜀，从阴平渡险，邓艾用毛毯裹身，探测道路，士兵攀援古藤越过山涧。奇兵直插汉中腹地，成为以迂为直，出奇制胜的又一例。

军事上把以明显的假行动掩护暗中的真行动的计谋称之为"明修栈道，暗度陈仓"。在解放战争时期，毛泽东曾十分成功地运用此法击败对手蒋介石。

1949年5月，陈毅、粟裕率领的第三野战军主力攻占了上海，刘伯承、邓小平率领的第二野战军占领了杭州、温州、宁波和赣南、闽北的广大地区，人民解放军的下一个战略方向将指向大西南地区。蒋介石对解放军向西南进军的战线作了如下判断：他认为川、贵方面山高路险，交通极为不便，又有白崇禧集团在湘、桂把守，解放军不可能由此入川。而川北方面才是解放军入川的捷径，因为这里有陇海路交通之便，又有解放区作依托，供应问题容易解决。据此，蒋制定了以陇海、陕南为决战地带，以川、陕边为守备重点的战略方针，即调胡宗南第五、第十八兵团依秦岭主脉构成第一道防线，以胡宗南新建第七兵团在川、陕边界的白龙江、米仓山、大巴山构成第二道防线，又将宋希濂的第十四、第二十兵团和孙元良兵团置于四川的南充、大竹等地。准备随时向北或向西机动。这就是蒋介石部署的"大西南防线"。

为了彻底消灭残余的国民党军队，中央军委和毛泽东主席，令刘邓率领第二野战军主力采取秘密方式进入湘西，从川贵边进入贵州和川东南，切断位于甘陕南、川东北之敌南逃的退路。中央军委同时命令第一野战军第十八团对秦岭之敌发起攻势，活跃在汉水中游的陕南部队，出击敌人的大巴山防线，活动在鄂西北地区的湖北省军区部队，攻击位于川东北方向的巴东，"明修栈道"，使我军造成从甘陕南、川东北进军大西南的强大声势，掩护刘邓大军主力的战略行动。

10月下旬，第二野战军主力开始隐蔽地向湘西集结。为了迷惑敌人，南京人民敲锣打鼓地欢送人民解放军北上。第二野战军指挥机关及第三兵团浩浩荡荡地乘火车由南京等地北返，经徐州到达郑州。刘伯承司令员在郑州发表讲话，大造由郑州挥师向西由陕入川的声势。与此同时，新华社编发了刘邓率部由郑州西进的消息。蒋介石对解放军由陕入川深信不疑。10月23日，第二野战军指挥机关及第三兵团由郑州秘密南下，28日进抵武汉，正值四野及二野四兵团进行衡宝战役和广东战役，刘邓率部摆出加入湘南作战的姿态，却极为隐蔽地进入湘西。第二野战军第五兵团也打着四野的旗号，由江西上饶进了湖南境内，经湘潭进入湘西，两兵团集结于常德、邵阳等地隐蔽待命。与此同时，中央军委和毛泽东主席命令秦岭和大巴山北麓的人民解放军向敌人的所谓大西南防线发起进攻，兵临汉中城下，却攻而不克，使蒋介石陷于极度迷茫之中。

11月1日，第二野战军主力和第四野战军一部在北起湖北巴东南到贵州天柱五百公里的战线上开始向大西南进发。蒋介石方才如梦初醒，悟出了解放军从湘西入贵、川进而迂回重庆、成都的战略意图，急令胡宗南集团由秦岭、大巴山一线南撤入川。毛泽东主席即令贺龙、李井泉率一野第十八兵团等部立即追击。11月4日，陈锡联三兵团轻取重庆。12月11日，刘邓指挥第三、第五兵团及第四野战军一部分别由川东、川南挥师西进，完全关闭了川敌向康、滇逃跑的大门。这是毛泽东运用"暗度陈仓"的兵法解决战略问题的一个成功范例。

《三国演义》上"明修栈道，暗度陈仓"的兵法战策，在解放战争中，被毛泽东运用得炉火纯青。

不会重蹈曹操的覆辙

"虽然我们的渡船工具和曹操时代相比进步不大，但是时代不同了，我们的军队是为人民的利益而战，有人民的拥护。"

1949 年 4 月，中共领袖毛泽东、刘少奇、朱德、周恩来、任弼时这"五大书记"，在北平香山"双清别墅"，一起讨论解放军渡江战役的利弊条件。

朱总司令说，长江我们一定过得去。他分析了渡江战役的有利条件，同时也客观地分析了渡江的难处。

接着，毛泽东引经据典说道：

《南史·孔范传》说："长江天堑，自古阻隔。"赤壁之战，曹操丧师 83 万，片甲不归。我们的对手，大概还做着赤壁之战的美梦哩。曹操大败，一是北兵不善水战；二是不习惯南方潮湿天气，"瘟病"流行；三是中了反间计，杀了会水战的荆州降将蔡瑁、张允；四是上了庞统大当，把船只钉在一起，无法机动；五是中了苦肉计，黄盖带来一片大火。曹操干了这一连串的蠢事，焉有不败之理？这五条，前两条对我们还是一个现实问题，虽然过去了一千七百年，我们还是使用曹操那个时代的木船。想当年，曹操在巢湖操练水军，横槊赋诗，不可一世。巧得很，我们也在巢湖练兵，但是我们决不会重蹈曹操的覆辙。虽然我们的渡船工具和曹操时代相比进步不大，但是时代不同了，我们的军队是为人民的利益而战，有人民的拥护。

毛泽东指出了曹操渡江失败的五条原因。我们再来看一下《三国演义》中周瑜分析曹操必败的"兵家之忌"：

> 且操今此来，多犯兵家之忌：北土未平，马腾、韩遂为其后患，而操久于南征，一忌也；北军不熟水战，操舍鞍马，仗舟楫，与东吴争衡，二忌也；又时值隆冬盛寒，马无藁草，三忌也；驱中国士卒，远涉江湖，不服水土，多生疾病，四忌也。操兵犯此数忌，虽多必败。

周瑜的"兵家四忌"，毛泽东的"曹兵五败"，都是知己知彼的至理之论。

毛泽东借古鉴今，指出曹兵"不习水战"和"不习惯潮湿天气"两条，对于今天的解放军也还是一个"现实问题"。但他断言我军"不会重蹈曹操的覆辙"，因为时代不同了，古今两支军队的本质不同，解放军是"为人民利益而战，有人民的拥护"。真是英雄所见略同，洞察古今；论战谋兵，雄视千古。看得透，拿得定，运筹帷幄之中，决胜千里之外。

渡江战役的胜利，证明曹操的"覆辙"只能是历史陈迹，而用毛泽东思想武装起来的人民解放军，却能克服艰难险阻开新篇。

"赤壁之败，将抵何人之罪？"

赤壁大战的惨败，应该由谁来负责呢？

毛泽东读 1957 年版的《三国志集解》时，读到《魏书·武帝纪》中有这样一段话：建安八年 (公元 203 年)，曹操下达了《败军抵罪令》："《司马法》：'将军死绥。'故赵括之母，乞不坐括。是古之将者，军破于外而家受罪于内也。自命将征行，但赏功而不罚罪，非国典也。其令诸将出征，败军者抵罪，失利者免官爵。"

读至此，毛泽东挥笔批道："赤壁之败，将抵何人之罪？"曹操曾经说过："吾在军中持法严也。"曹操也曾经有过自己的坐骑践踏麦田，"割发代首"以自责的严于律己之行。曹操在赤壁之战中遭到惨败，但此后相当长时间曹操本人并不服输，在言词书简中多方掩饰；历来在军中持法严肃的他，对自己也没有什么自责 (像诸葛亮街亭失败自贬三级那样) 的举动。

这实质指明了曹操在赤壁之战中的罪责，指明了曹操所制 "国典"即政治军事纪律的局限性，以及作为三国时代的历史人物，曹操在说与做上的脱节。实践证明，在 "国典" 面前并不是人人平等的，"王法无亲"、"王子犯法，与民同罪" 只不过是那个时代下层人们的理想而已。毛泽东如此批注并非苛责古人，实是警戒今人。毛泽东用这个例子说明，作为领导者，应该做到赏罚分明，不可因居领导地位就乱了分清责任的重要性。他从赤壁之战中，引申出应该追究责任的法律理念。

"科学技术天天在进步"

我们已开始根据作战对象和我国地形、交通、气候等条件，在研制我们自己的火炮了。

史载，诸葛亮"长于巧思，损益连弩"（《三国志·蜀书》）。经诸葛亮改进的连弩，称之为"元戎"，说是"以铁为矢，矢长八寸，一弩十矢俱发"（《三国志》注引《魏氏春秋》），孔明改进了弩机，射箭数量和准确性都提高了，增强了远射程兵器的杀伤力。

可"卤水点豆腐，一物降一物"，诸葛亮南征孟获时，连弩对藤甲军就"失去了作用"，因为藤甲不怕箭射。小说第九十回描写：

次日，乌戈国主引一彪藤甲军过河来，金鼓大震。魏延引兵出迎。蛮兵卷地而至。蜀兵以弩箭射到藤甲之上，皆不能透，俱落于地；刀砍枪刺，亦不能入……蜀兵如何抵挡，尽皆败走。

毛泽东讲诸葛亮改进弩机以及"先进武器"在藤甲军前失去作用的故事，意在说明"科学技术天天在进步"的道理，引导和鼓励全军指战员好学深思，自力更生，"研制出自己的东西来"。今天，远射程武器已发展到导弹核武器，其射程和杀伤能力远非昔日"连弩"所能比。但是，毛泽东从诸葛亮改进和使用先进武器中所引发的思想，却具有昭示未来激励后人的深远意义，这何尝不是我们强军劲旅指导思想的一个方面呢。

1962 年 2 月 5 日，毛泽东会见了亲家孔从洲。

这时，孔从洲在南京炮兵工程学院任院长。全军军事院校正在普遍展开教学改革运动，炮兵工程学院师生在教改工作中提出了一些需要解决的问题。

毛泽东、孔从洲坐下后，从家庭、子女谈到教育，以及有关炮兵建设的一些问题。毛泽东以提问的方式详细了解了炮兵工程学院的情况，然后说："炮兵工程学院办校宗旨应当是什么呢？我看应当是培养具有现代化知识的炮兵科技人才。这一点很重要，因为科学技术天天在进步。我们祖先使用的十八般兵器中，刀矛之类属于进攻性武器，弓箭是戈矛的延伸和发展。由于射箭误差大，于是又有了弩机，经诸葛亮改进，一次可连发 10 支箭。准确性提高了。他征孟获时使用了这个先进武器，可孟获也有办法，他的 3000 藤甲军就使诸葛武侯的弩机失去了作用。诸葛亮经过调查研究，发现藤甲是用油浸过的，于是一把火把藤甲军给烧了。后来又有人制成了抛石机，依靠机械的力量，可以把十几斤重的石头抛出五十步以外，成为古代攻打城池和野战的重要武器。这些都是冷兵器，只有在火药发明以后，才出现了历史性的变化。"

说到这里，毛泽东叫人给孔从洲续茶，自己深吸了一口烟，继续说："我们的祖宗发明了火药，可是后来落后了。在南宋时有一个叫陈规的，他把火药装在一个竹管内，装上弹丸，喷出火焰烧伤敌人。这是管形火器的鼻祖。因为竹子容易被火药烧毁．后来有人改用金属制作，就是火铳，是世界上最早的火枪。13 世纪，火药传到阿拉伯国家，14 世纪又传到欧洲。15 世纪，欧洲人制成了滑膛炮，笨得很呐！"

毛泽东边用手比划着，边笑着说："要 35 匹马才能拉得动它。"

稍停了一下，毛泽东接着说："到了 17 世纪，牛顿和欧勒研究了炮弹的飞行，空气的阻力，制成了线膛炮。18 世纪，德国开始使用后装火炮。从此线膛炮正式代替了滑膛炮。1907 年，法国制成世界上第一门 155 毫米半自动闩式加农炮。从那时起，火炮就日新月异地向前发展了。现在出现了核导弹，将来还会有更新的武器。"

说到这里，毛泽东话锋一转，转到了谈话的中心思想——我军炮兵建设上："解放战争中，我们靠缴获国民党的火炮装备自己。由于国民党的火炮大都是买外国的，所以我们那时装备的火炮品种繁杂，规格不一，有德国的，美国的，还有日本的。全国解放后，我们靠买苏联的，像我们这样一个大国，靠买别国的武器是不行的，要自己研制。你们是怎样解决这个问题的。"

孔从洲回答说："现在是仿制。"

"总靠仿制别国的武器行吗？"毛泽东问。很明显，毛泽东对于总是仿制是不太赞成的。因为一切建立在自力更生的基点上，这是他的一贯思想。

孔从洲立即回答说："不是！我们已开始根据作战对象和我国地形、交通、气候等条件，在研制我们自己的火炮了。"

毛泽东听后，显然高兴起来，微笑着点点头，说："这就对了。我们是一个大国，必须强调自力更生。外国好的东西，要实行'拿来主义'，但不是'拿来'就算了，而是要在他们的基础上，研制出自己的东西来。"毛泽东主张通过我们自己的努力，来加强国防建设。

为什么能在四川立国

中央把大三线建设放在四川、云南、贵州是经过深思熟虑的。

1964年11月26日，毛泽东在听取西南三线工作汇报时作了一些插话，其中他说："四川7000万人口，40万平方公里，为什么刘备能在这里立国？蒋介石退也退到重庆，为什么？总有个道理嘛！"

刘备在西川（今四川）立国，建立蜀汉政权，其道理是什么呢？《三国演义》中几位政治家、战略家是这样分析的：

小说第三十八回，刘备三顾茅庐请诸葛亮出山，诸葛亮在著名的《隆中对》中分析天下大势时，指出刘备集团要占领荆州和益州为根据地，提到益州时他说：

益州险塞，沃野千里，天府之国，高祖因之以成帝业。取西川建基业，以成鼎足之势，然后可图中原也。

到了小说第六十回，刘备夺取西川的客观条件已经具备，这时出现一个人物——益州别驾张松，欲将西川献给"明主"。他这样介绍益州：

蜀为西郡，古号益州。路有锦江之险，地连剑阁之雄。回环二百八程，纵横三万余里，鸡鸣犬吠相闻，市井间阎不断。田肥地茂，岁无水旱之忧；国富民丰，时有管弦之乐。所产之物，阜如山积。天下莫可及也！

诸葛亮和张松都认为：益州为"险塞"，军事上易守难攻；西川沃野千里，经济上国富民丰；汉高祖刘邦曾经据此成帝王之业；刘备如占领益州，可进图中原，夺取天下。

毛泽东借鉴刘备立国的经验，是要办一件大事：20世纪60年代初期，党中央提出备战备荒为人民的战略口号，并据此提出了一线、二线、三线和"大三线"（国家的）、"小三线"（各省的）的建设布局与任务。毛泽东对此异常关注，仅1964年下半年，他就多次提到此事。

8月20日上午，毛泽东与薄一波谈话，其中讲到："现在沿海（工业）搞这么大，不搬家不行。你搞到二线也好哟！……四川、云南、贵州是三线，都可以搬去的！要好好地研究、学习斯大林的经验：一、不准备工事；二、不准备敌人进攻；三、不搬家。这就是教训。"这是接受斯大林在反法西斯战争初期的教训。斯大林的"三条"教训，是当时我国搞三线建设的历史原因；迫于帝国主义的军事威胁，是搞三线建设的现实原因。

10月7日，毛泽东在接见朝鲜崔庸健委员长时的谈话中说："我们要把沿海的一些工厂搬到内地，少数工厂要放在地下。工业要搞第二线、第三线。不然，第一线打掉了，我们就没有钢、没有机器了。这是可以搬的，一个工厂全搬或搬一半或搬一大部分。这项工作要几年才能完成。"

10月22日，毛泽东致信刘少奇、周恩来等中央领导人，建议将广东省关于三线建设的报告转发给第一线和第二线各省，叫他们也讨论一下自己的第三线问题。毛泽东在信中说："可以解决一个长远的战略性的大问题。现在不为，后悔莫及。"

又过了一个月，毛泽东谈到了刘备在西川的立国问题。

"总有个道理哎！"中央把大三线建设放在四川、云南、贵州是经过深思熟虑的，是考虑了政治、军事、经济、人口、地理等各种因素的。

带领一个班子南下在西川建立了很好根据地的刘备，居然下启千年后的毛泽东建设"大三线"的思路。这也是历史的启示。

建立大三线和小三线，对于国家的长治久安有非常深远的意义，是具有全局性的战略选择。

三朝元老刘晔

"此传可一阅。放长线钓大鱼，出自刘晔。"

刘晔是曹魏重臣，曾经长期跟随在曹操身边，出过不少奇计，后又辅佐曹丕和曹叡，是曹魏的三朝元老。

20世纪50年代后期，毛泽东曾先后向干部推荐读《三国志》的四篇传记，即《张鲁传》《吕蒙传》《郭嘉传》《刘晔传》。毛泽东熟读《刘晔传》以及裴松之的注，并对裴所注《傅子》中的一段表现出浓厚的兴趣：

晔事明皇帝，又大见亲重。帝将伐蜀，朝臣内外皆曰"不可"。晔入与帝议，因曰"可伐"；出与朝臣言，因曰"不可伐"。晔有胆智，言之皆有形。中领军杨暨，帝之亲臣，又重晔，持不可伐蜀之议最坚，每从内出，辄过晔，晔讲不可之意。后暨从驾行天渊池，帝论伐蜀事，暨切谏。帝曰："卿书生，焉知兵事！"暨谦谢曰："臣出自儒生之末，陛下过听，拔臣群萃之中，立之六军之上，臣有微心，不敢不尽言。臣言诚不足采，侍中刘晔先帝谋臣，常曰蜀不可伐。"帝曰："晔与吾言蜀可伐。"暨曰："晔可召质也。"诏召晔至，帝问晔，终不言。

后独见，晔责帝曰："伐国，大谋也。臣得与闻大谋，常恐眯梦漏泄以益臣罪，焉敢向人言之？夫兵，诡道也，军事未发，不厌其密

也。陛下显然露之，臣恐敌国已闻之矣。"于是帝谢之。晔见出，责
暨曰："夫钓者中大鱼，则纵而随之，须可制而后牵，则无不得也。
人主之威。岂徒大鱼而已！子诚直臣，然计不足采，不可不精思也。"
暨亦谢之。晔能应变持两端如此。

毛泽东在这段话的天头上作了如下批语：

此传可一阅。放长线钓大鱼，出自刘晔。

刘晔的足智多谋和善于应变给毛泽东留下了深刻的印象，得到了
毛泽东的高度赞扬。1966 年 3 月，毛泽东在杭州的一次小型会议上谈
论曹操缺点的同时，也赞扬了刘晔。可见，毛泽东对谋略人才的重视。

"为将当有怯弱时"

你们去联合国，可能很多要"以勇为本"，更要注意"为将当有怯弱时"。

1971 年 10 月，在新中国恢复在联合国的合法席位后即将派代表团参加会议时，毛泽东专门谈了防止骄傲的问题。他举《后出师表》中说曹操"几败北山"为例，说："几败北山，说的是夏侯渊战死以后，曹操争夺汉中的事。"《后出师表》三处提到夏侯渊。另外两处是"夏侯败亡"、"夏侯授首"。夏侯渊是曹操的一员大将，曹操封他为征西将军，担任汉中的"警备司令"。刘备攻打汉中，夏侯渊把主力部队部署在定军山，命令张郃守住东围。刘备引蛇出洞，先打张郃，夏侯渊领了一半军队亲自援助张郃，被黄忠砍了头。有一出京剧就叫《定军山》，是谭鑫培、谭富英的拿手戏。《三国志·魏书》的《夏侯渊传》中说，当初夏侯渊打了几次胜仗，曹操写信提醒他："为将当有怯弱时，不可但恃勇也。将当以勇为本，行之以智计；但知任勇，一匹夫敌耳。""当有怯弱时"，就是要想到自己的弱点和不足，有打败仗的可能。夏侯渊把曹操的告诫不当一回事，结果全军覆没。毛泽东提醒道去联合国，可能很多要"以勇为本"，更要注意"为将当有怯弱时"。代表团团长就是"将"，不要被胜利冲昏头脑。送你们两句话，一句是我写的："没有调查就没有发言权"；一句是田家英帮我写的："虚心使人进步，骄傲使人落后。"

　　毛泽东通过夏侯渊被砍头的教训，引导代表团要正确对待自己的长处和短处，在行兵打仗时一定要注意"为将当有怯弱时"，切不可当一匹夫耳。这是从提升个人素质上提出的要求。

"阵地战"与"运动战"

土石为之，亦不能久，粮不足也。宜出澧水流域，直出湘水以西，因粮于敌。打运动战，使敌分散，应接不暇，可以各个击破。

彝陵在今湖北省宜昌境内。公元222年，刘备率蜀国大军西进攻吴，连战皆捷。进到彝陵，已入吴境五六百里，砍伐山木。连营扎寨，打的是阵地战。吴国都督陆逊则坚守不战，相持七八月。直待刘备"兵疲意沮，计不复生"。利用顺风放火，攻破四十多个营寨，迫使刘备退到白帝城。

《陆逊传》还记叙，刘备在彝陵战败，退往白帝城后，吴国将领"徐盛、潘璋、宋谦等，各竞表言：'备必可擒，乞复攻之。'权以问逊，逊与朱然、骆统以为曹丕大合士众，外托助国讨备，内实有奸心，谨决计辄还。"接着，卢弼引何焯的评论说："大胜之后，将骄卒惰，溯流仰攻，转馈又难。一有失利。前功尽弃。昭烈老于兵，得蜀已固，非若曹仁之在南郡，可惧而走也。连兵于西，主客异势，决还者中人所能知也，盛、璋、谦如豕突耳。"意思是，大胜后将骄，不顾主客观条件，试图连兵向西再攻刘备，很可能前功尽弃。读至此，毛泽东批道："何评有理。"

吴蜀彝陵之战，是中国历史上有名的战役。毛泽东在1936年12月写的《中国革命战争的战略问题》中，曾引用过这个战例，来说明

"双方强弱不同，弱者先让一步。后发制人，因而战胜"的战略战术。毛泽东读《三国志集解》对这个战役的批注，则是反过来从当时处于强者一方的刘备的角度，来总结经验教训，为其设想谋划。

在毛泽东看来，土石垒营，虽不怕火攻，但由于粮草供应不便，也不可能保障刘备持久进攻。刘备欲胜吴军的办法，是"打运动战"，从吴军防守较弱的彝陵南边的澧水流域进攻，使吴军分兵，然后各个击破。很明显，这个设想，同毛泽东一贯的军事战略思想是一致的，也是他从长期的中国革命战争中总结出来的经验体会。无疑，就当时而言，这也是一番合乎道理的良策。如果刘备地下有知，当会折节钦服。可惜刘备固执己见，打阵地战没有打运动战，这是他失败的主要原因。

曹操的两个战例

     "以少击众，都是先以自己局部的优势和主动，向着敌人局部的劣势和被动，一战而胜，再及其余，各个击破，全局因而转成了优势，转成了主动。"

     建安五年（公元 200 年），著名的袁曹官渡之战拉开战幕，这是决定曹操一生命运的战役。二月，袁绍首先派大将颜良围攻白马（今河南滑县东，在黄河南岸）。四月，曹操亲自率军北上救白马之围。当部队正向前开进时，荀攸认为不能与势力悬殊的强大的敌人正面对抗，他分析了当时的形势，提出了声东击西、解救白马的作战方案。他认为袁绍兵多，应设法分散其兵力，于是劝曹操引兵先到延津，伪装渡河攻袁绍后方，使袁绍分兵向西应战，然后再派轻骑袭击进攻白马的袁军，攻其不备，一定可以打败颜良。曹操听了他的这一番话，觉得十分有道理，就依计而行，袁绍果然分兵延津。曹操乘机率轻骑超击白马，颜良不及防备，被关羽斩杀。

     曹操解白马之围后，率 600 骑兵押送粮草辎重沿河西退。军行不久，与袁绍五六千追兵相遇。诸将见敌众我寡，都感到很害怕，劝曹操退守大营，荀攸知道敌人的弱点，就说："这正是歼敌的好时机，为何要退呢？"曹操与荀攸对视而笑，心意相通，遂命令士兵解鞍放马，丢弃辎重，引诱袁军。待袁军逼近，争抢辎重的时候，曹操突然命令上马，迅猛发起攻击，大破袁军，杀其大将文丑。袁绍的两个大将被诛杀，曹操在这次决定性的战役中取得了胜利，为他以后的发展奠定了基础。

尽管如此，袁绍的军队还是十分强大，与曹操相比，他有很大的优势。但袁绍是个十分优柔寡断的人，指挥无方，曹操和袁绍相持在官渡，一时胜负难分。后来，曹操粮草将尽、非常着急，正在这时，袁绍手下谋士许攸遭到袁绍的怒斥，一气之下决定投奔曹操。许攸一直往曹营而来，被曹军捉拿住，许攸说："我是曹丞相的老朋友，快快给我通报，就说南阳许攸来见丞相！"军士到曹操寨中禀报，曹操正在休息，一听说许攸来了，知道他肯定对自己有所帮助，大喜过望，还没有穿好鞋就迎了出来，拉着许攸的手一起到屋里。

曹操开门见山地说："你肯到我这里，我就有救了，愿意教给我攻破袁绍的计谋吗？"许攸问："你现在粮食还能维持多久？"曹操附在许攸耳边低声说："军中只有这个月的粮食了。"许攸大声说："别瞒我，你已断绝粮食了！"曹操大惊，拉着许攸的手："既然你知道我面临危机，那就赶快帮我出主意吧！"许攸于是说道："我有一个计策，保证不出三天，让袁绍的百万军队，不攻自破。"

曹操大喜，催促他快讲。许攸说："袁绍的军粮和其他军需物品都囤积在乌巢，现在由淳于琼把守。你可以挑选一些精兵，假称袁绍的将领蒋奇领兵去那里守粮食，乘机放火烧掉粮草和其他物品，这样，袁绍的军队不出三天就会大乱！"在多年的用兵中。断人粮道是他的惯用手段，曹操听了，正中下怀，隆重地招待许攸。第二天，曹操亲自选骑兵、步兵共5000人。准备去乌巢劫粮。曹操的左右张辽等人怀疑许攸，认为袁绍的囤粮场所不会不加防备，不要轻信许攸的话。曹操说："不必疑心，现在我军粮草已供应不上，不管是真是假，都必须这么做，倘若不采用许攸的计策，我们也是坐而待毙啊！"

当时，荀攸早就有这个看法，只是不知道袁绍的虚实。

许攸到来之后，就坚定地主张曹操亲自率兵去乌巢。于是曹操对自己的营寨进行了周密的布置，命令重兵把守好大寨，在左右两侧埋伏了一定的兵力，防止袁兵偷袭。然后率领5000人马，打着袁军的旗号，每人都在身上背上草木，乘黑夜偷偷朝乌巢进军。曹操领兵前往乌巢，一路上遇到袁绍的寨兵，都说："蒋奇奉命往乌巢护粮。"袁军看他们打的都是自己的旗号，也没有疑心。到四更时，曹操的队伍到达马枭，曹操立即命令士兵点燃草木，一面敲鼓一面呐喊，直往里冲杀。此时淳于琼与将士喝醉酒后，都在帐中熟睡，忽被鼓声惊醒，来不及应战，只有大败而逃。

袁绍乌巢粮草被烧，损失惨重，又失去了许攸、高览这些栋梁之材。军中士气低落，人心恐慌。许攸又为曹操出主意，他说："今日袁绍残兵败将归去，人心不稳，应乘胜速取袁绍大本营，这样就可以消灭袁绍的有生力量。"曹操又依计而行，取得了很大的胜利。

这时，荀攸向曹操献计说："现在可以乘胜追击，可以传假情报，说我军将调拨人马，一路做出攻取酸枣和邺郡（今河南延津和安阳）的样子；另一路作出攻打黎阳（今河南浚县）的样子，断袁兵归路。袁绍如果听说了这个传闻，以他的多疑的性格，必定会信以为真，就会分出兵力阻击我军。我方可乘他调兵拔寨之时，急攻袁寨，袁绍的军队本来就没有什么斗志，定能破敌。"

曹操听了他的这一番话，觉得十分有道理，就立即采用荀攸的计谋，出动3路人马，四处扬言，散布迷惑袁绍的消息。袁军听到消息急忙报告袁绍："曹操分兵两路：一路取邺郡，一路去黎阳了。"袁绍信以为真，急忙派兵10万人，分别去援救邺郡和黎阳，连夜急行军走了。曹操立即集中大队兵马，乘虚而入，冲向袁绍营寨。袁军本来已无斗志，官兵四处逃散，抵抗不了。袁绍连盔甲都来不及披上，带着幼子袁尚逃奔而走，曹军在后紧追不舍。袁绍为了渡河逃命，把金银财宝、图书车辆全都丢弃，只有随身骑兵八百多人一同逃往黎阳，曹军获得全胜。

本来，袁绍具有巨大的优势，但由于指挥不当，就这样一步步地转为被动，最终彻底失败。但在赤壁之战中，曹操又步袁绍的覆辙，将自己的优势一步步地丧失掉，最终彻底失败。

在赤壁之战中，曹操连中了反间计、连环计和苦肉计。在这三计之中，最厉害的还是反间计。

在周瑜、诸葛亮火烧赤壁之前，其军事准备工作是十分复杂的，其中"群英会蒋干中计"一节，尤为生动精彩，也为东吴顺利地实施水战计划奠定了基础。

周瑜施此反间计，虽并非直接在战场上见效，但却从此除去了两个深通水军之法的人，为庞统设"连环计"和黄盖以"苦肉计"诈降火烧战船铺平了道路，可以说为赤壁之战的胜利打下了很好的基础。

从赤壁之战上，毛泽东还看出了曹操的另一个问题："天下事有真必有假，虚夸古亦有之。赤壁之战，曹营号称83万人马，其实只有二三十万，又不熟水性，败在孙权手下，不单是因为孔明借东风。"

毛泽东是极其善于将不利变为有利，将劣势变为优势，将被动变为主动的伟大的军事家。他对历史上的战例有着精深的研究，发表过许多精辟的见解。如他在谈到曹操的一些战例时说："主观指导的正确与否，影响到优势、劣势和主动被动的变化，观于强大之军打败仗，弱小之军打胜仗的历史事实而益信。中外历史上这类事情是多得很的。中国如袁曹官渡之战、赤壁之战等等，都是以少击众，以劣势对优势而获胜。都是先以自己局部的优势和主动，向着敌人局部的劣势和被动，一战而胜，再及其余，各个击破，全局因而转成了优势，转成了主动。"

　　毛泽东就是用曹操的两个战例来有力地说明了主观指导对于优势和劣势、主动与被动的转化的关键作用的。在现实生活中应该采取深思而又慎取的态度。这是毛泽东一贯的军事思想。

《中原我军占领南阳》

南阳为古宛县，三国时曹操与张绣，曾于此城发生争夺战。

毛泽东是运用语言的大师，他撰写的消息，以其深刻的思想内容，生动的表现形式，独具的语言特色著称于世. 尽管时隔半个多世纪，如今读来仍然是那样的脍炙人口。

1948 年 11 月 5 日，毛泽东为新华社撰写《中原我军占领南阳》新闻稿，是一鼓舞人心的消息：

【新华社郑州五日电】在人民解放军伟大的胜利的攻势下，南阳守敌王凌云于四日下午弃城南逃，我军当即占领南阳。南阳为古宛县，三国时曹操与张绣，曾于此城发生争夺战。后汉光武帝刘秀，曾于此地起兵，发动反对王莽王朝的战争，创立了后汉王朝，民间所传二十八宿，即刘秀的二十八个主要干部，多是出生于南阳一带。在过去一年中，蒋介石极重视南阳，曾于此设立所谓"绥靖区"，以王凌云为司令官，企图阻遏人民解放军向南发展的道路；上月，白崇禧使用黄维兵团三个军的力量，经营整月，企图打通信阳、南阳间的运输道路，始终未能达到目的。最近蒋军因全局败坏，被迫将整个南部战线近百个师的兵力，集中于以徐州为中心和以汉口为中心的两个地区，两星期前已放弃开封，现又放弃南阳。从此，河南全境，除豫北之新乡、安阳，豫西之灵宝、阌乡，豫南之确山、信阳、潢川、光山、商城、固始等地尚有残敌外，已全部为我解放。去年七月，南线人民解放军开始向敌后实行英勇的进军以来，一年多时间内，除歼灭了大量的国民党正规部队以外，最大的成绩，就是在大别山区（鄂豫区）、皖西区、豫西区、陕南区、桐柏区、江汉区、江淮区（即皖东一带）恢复和建立了稳固的根据地，创立了七个军区，并极大地扩大了豫皖苏军区老根据地。除江淮军区属于苏北军区管辖外，其余各军区，统属于中原军区管辖。豫皖苏区、豫西区、陕南区、桐柏区现已联成一片，没有敌人的阻隔。这四个军区并已和华北联成一片。我武装力量，除补上野战军和地方军一年多激烈战争的消耗以外，还增加了大约二十万人左右，今后当有更大的发展。白崇禧经常说，"不怕共产党凶，只怕共产党生根"，他是怕对了。我们在所有江淮河汉区域，不仅是树木，而且是森林了。不仅生了根，而且枝叶茂盛了。在去年下半年的一个极短时间内，我们在这一区域曾经过早地执行分配土地的政策，犯了一些策略上的"左"的错误。但是随即纠正了，普遍地利用了抗日时期的经验，执行了减租减息的社会政策和各阶层合理负担的财政政策。这样，就将一切可能联合或中立的社会阶层均联合或中立起来，集中力量反对国民党反动统治势力及乡村中为最广大群众所痛恨的少数恶霸分子。这一策略，是明显地成功了，敌人已经完全孤立起来。在我强大的野战军和地方军配合打击之下，困守各个孤立据点内的敌人，如像开封、南阳等处，不得不被迫弃城逃窜。南阳守敌王凌云统率的军队是第二军、第六十四军以及一些民团，现向襄阳逃窜。襄阳也是国民党的一个所谓"绥靖区"，第一任司令官康泽被俘后，接手的是从新疆调来的宋希濂。最近宋希濂升任了徐州的副总司令兼前线指挥所主任，去代替原任的杜聿明。杜聿明则刚从徐州飞到东北，一战惨败，又逃到了葫芦岛。王凌云到襄阳，大概是接替宋希濂当司令官。但是从南阳到襄阳，并没有走得多远，襄阳还是一个孤立据点，王凌云如不再逃，康泽的命运是在等着他的。

　　在这条消息中，毛泽东写到中国人民解放军占领南阳的重要意义时，既不是一般的空洞说教，也不是甲乙丙丁的现象罗列，而是用通俗的语言，像讲故事一样，说古道今，娓娓而谈，从三国对曹操与张绣争夺南阳，说到后汉光武帝刘秀在南阳起兵，以及民间所传"二十八宿"，即刘秀的二十八个主要干将，多是出生于南阳一带，进而说明取得南阳的战略意义，使这块兵家必争之地具有了鲜活的主题。然后，笔锋一转，回过头来话入正题，讲蒋介石过去一年中对南阳的苦心经营，最后终归覆灭。以古论今，趣味无穷。使这篇新闻稿成为新闻媒体中历来尊崇的军事报道中的杰作篇章。

三败"小诸葛"

"小诸葛"白崇禧与毛泽东的三次较量，以白崇禧的全面失败而
告终。

毛泽东在中国革命战争中，料事如神，处变不惊的智者形象，被
誉为"赛诸葛"。白崇禧也曾被外国军事顾问誉为中国最懂军事的人，
素有"小诸葛"之称，然而在与毛泽东的三次交锋中，他却不得不甘
拜下风。

解放战争后期，白崇禧据守湘赣，利用地势山险和江河湖泊做
屏障，负隅顽抗。毛泽东指示林彪率领的四野向白崇禧部发起湘赣
战役，林彪采取包抄迂回战术，想聚歼白部。白崇禧利用有利地势，
避其锋芒，并不与第四野战争正面作战，两次金蝉脱壳都让四野扑
了个空。

四野进攻失利后，毛泽东审时度势，认为白崇禧据守湘南，只是
缓兵之计，其最终目的还是要将主力悄悄撤回广西老巢，因此要想取
得胜利，必须将白崇禧部调出湘南。毛泽东决定采取大迁回、大包围
战略，不管白崇禧怎样部署，先占领白部后方，完成大包围，逼虎出
山，然后再回攻白部。

毛泽东命令四野向湘西迂回包抄阻断白崇禧后路，又命东路从江
西广东交界地进攻衡阳、宝庆（今邵阳）一线，切断白崇禧西窜南逃

的退路。毛泽东这招果然戳到了白崇禧的软肋，白崇禧不得不调主力回守衡阳、宝庆一带。四野军重创白崇禧部，使其元气大伤，只有一小部分逃到了广西。

回到广西后，白崇禧招兵买马，很快又组织起队伍。毛泽东决定继续采取大迂回战略，逐步将口袋收紧，并电令东路陈赓叶剑英部发动广州战役，拿下广东以便合围广西。此时二野主力已突破国民党军川黔防线逼近贵阳，毛泽东电令二野由湘西南直插百色、果德（今平果），切断白崇禧部入滇的退路。

这样白崇禧就只剩下海南越南可退了，但白崇禧已经吃过一次亏，怕再被合围，决定破釜沉舟，率主力兵团南下进驻广西东南的博白、郁林（今玉林）、岑溪一线，企图与据守钦州，合浦和雷州半岛的余汉谋部夹击陈赓部，打开通往海南的通道。毛泽东决定将计就计，迅速收紧袋口，形成关门打狗之势，合力围歼白崇禧。

在毛泽东的正确指挥下，叱咤风云的"小诸葛"已成瓮中之鳖，白崇禧部全线溃退，损失惨重，白崇禧见势不妙，只身飞往海南岛。

白崇禧逃到海南岛后并不甘心，还想把广西的残部接出去，欲图东山再起。他一方面电令第一兵团负隅顽抗，阻止解放军南下；一方面命令他的嫡系部队从钦州龙门港撤退到海南岛。

毛泽东看透了白崇禧的用意，果断下令阻击钦州敌军，务求一网打尽。陈赓部4天行军600里，几乎与敌军同时到达钦州，全歼顽敌，出色完成阻击任务，白崇禧没有接回一兵一卒。"小诸葛"与毛泽东的三次较量，以白崇禧的全面失败而告终。

1949年4月2日晚，毛泽东接见了李宗仁、白崇禧的和谈密使刘仲容时说："就请刘先生告诉他，和谈成功建立边防军时，我们请他继续带兵，把30万军队交给他指挥，比他现在带的多得多，人称他'小诸葛',人尽其才,于国有利嘛。"毛泽东胸怀大量,给了白崇禧充分的考虑余地,可惜他没有听从劝告,最后一败涂地。

毛泽东在打仗运兵中神出鬼没,出奇制胜,终使"小诸葛"白崇禧成为手下败将,"小诸葛"终于败在"赛诸葛"的运筹帷幄中。

八大军区司令员对调

八大军区司令员对调一下好，人在一个地方呆长了，油了，不容易接受新鲜事物。对调一下有好处，到处都是干革命。

1973 年 12 月 21 下午 6 时，中国人民解放军各总部、各兵种、各大军区司令员、政治委员在北京受到毛泽东接见。

毛泽东说："八大军区司令员对调一下好，人在一个地方呆长了，油了，不容易接受新鲜事物。对调一下有好处，到处都是干革命。在调动工作上要做好工作，打招呼，调动要欢迎，不要冷冷清清。冷冷清清不好，要同军长、军政委、师长、师政委见面，包括司、政、后机关，一百二百人见见面，不认识不好，如东北陈锡联，可以带李德生到沈阳军区熟悉熟悉；李德生可以带陈锡联到北京军区熟悉熟悉，互相当场介绍一下。"

毛泽东说："互相对调，是河南人发明的。东调西调，调远一点，这个军分区调到那个军分区，都欢迎。杨得志带一个旅到了延安，我才认识的，那时候有逃兵，我说不要抓，人家不愿在这里，要逃让他逃，请他吃一顿肉回去算了。捆绑不能做夫妻，捆绑不能做朋友，捆绑不能革命。"

毛泽东说："还是年轻力壮，文官务武，武官务文，文武官员都要读点文学，你（指许世友）也应该读一点，汉朝有个周勃，没有读什么书。刘邦，也没有读什么书。"

毛泽东说："曾思玉和杨得志对调，丁盛和许世友对调，韩先楚和皮定均对调，这几位在一个地方呆得太久了。李德生、曾思玉、丁盛不那么久。你们带一个头，牵动全国。对今后军分区、人武部的调动，带个好风气，你们把我调一下吧！我实在不愿意当主席。"大家哈哈大笑。

毛泽东又说："《三国志》上有三个人，都是小商小贩出身，刘、张、赵。刘备，是卖草鞋的，张飞是卖猪肉的，赵子龙是卖年糕的。我老了，应该去'卖年糕'(意思是'老迈年高')，到福州去卖，好不好啊？南京、武汉不去，太热了。"大家再一次被毛主席风趣的比喻引发大笑。

毛泽东接着说："对同志要少吹，多批。有些同志专批评人家，不批评自己。一批评自己，就好像挖了他家三代祖坟，说人家是三反分子，'五一六'。我们这个党不要杀人(除杀人、放火、放毒的要杀)，包括反革命不要杀，要保存活证据，犯点错误，改正就好。"

毛泽东说："要准备打仗，我能吃能睡，我还可以打几仗。要打就打，要打我都欢迎，几个氢弹，能把北京消灭得了？北京有各国大使馆，要打氢弹，他们也消灭了。我看导弹、氢弹可能不会打北京，美国打日本，就选择广岛、长崎，不打东京、大阪。"

毛泽东说："过去战争年代，干部经常调来调去，我们党、政、军、民有这样的传统，八届十中全会决定，要交流干部嘛！有计划、有步骤地交流各级党政的主要干部。共产党员要能上能下，能官能民，能东能西，一切行动听指挥，调动一下有好处，也是加强集体领导，反对山头主义，保证党的绝对领导的重要一环。军队要统一，要整顿，要加强。各大军区司令员不再兼省委书记，集中精力搞好军队工作，议政议军，抓好部队建设，准备打仗。"

　　毛泽东指挥大家唱了《三大纪律八项注意》，说："步调一致才能得胜利。林彪搞什么大、小舰队，就不能得胜利。"毛泽东采取邓小平的建议，八大军区司令员对调，具有极其重大现实意义和深远的战略意义。

论"三个世界划分"

"第三世界人口很多。亚洲除了日本,都是第三世界。整个非洲都是第三世界,拉丁美洲是第三世界。"

毛泽东历来对"三"感兴趣,在中共党史上记载着毛泽东关于"三"的"三大法宝"、"三大作风"、"三反运动"、"三大改造"等。在阅读《三国演义》时,他对书中的"刘备三顾茅庐",诸葛亮在《隆中对》中,分析魏、蜀、吴三分天下大势非常重视。尤其是开篇的"天下大势,分久必合,合久必分"这句充满哲理的话,倍加欣赏。

在 20 世纪,出现了各种国际关系理论。这些理论虽然各有不同,但基本上可以分为两类。一类是大国主宰世界的理论。一类是代表大多数弱国、穷国和中小国家利益的国际关系理论。

1956 年 10 月 19 日,毛泽东在会见巴基斯坦总理苏瓦拉底时指出:要注意中间地带的重要性问题。他认为,中间地带包括从英国一直到拉丁美洲。这个地区的一边是社会主义阵营,另一边是美国。这个地带有最多的人口和最多的国家,包括有三种性质的国家。第一类是拥有殖民地的帝国主义国家,如英国、法国;第二类是亚洲、非洲、拉丁美洲的国家,有的已经取得民族解放,有的还在争取民族解放;第三类是在欧洲的不拥有殖民地的自由国家。他还认为,在这些中间地带国家之间,存在着一些内部纠纷。这些纠纷应该用和平方法来解决。

在后来的一些谈话中，毛泽东还进一步指出，现在美苏双方都在争夺中间地带。并认为，帝国主义国家争夺的主要场所是亚洲和非洲，这里面很有文章可做。他提出："共产主义，民族主义，帝国主义。这三个主义中，共产主义和民族主义比较接近。而民族主义占领的地方相当宽，有三个洲：一个亚洲，一个非洲，一个拉丁美洲。"据此，毛泽东和周恩来共同确定了中国外交的重点是在亚非拉美国家中广交朋友，同时也积极争取同英、法等西方国家改善关系。

20世纪60年代，中苏论战后，中国成为独树一帜的国际力量，这是战后世界格局发生的影响最为深远的重大事件之一。

1962年1月3日，毛泽东在会见日本客人时重申了"中间地带国家的性质各不相同"的论断，还说："西德垄断资本想勾结美国又想抗拒美国，这点同日本相像。我们把这些地方都称做中间地带。社会主义阵营算一个方面，美国算另一个方面，除此之外，都算中间地带。"

1963年9月28日，毛泽东在中共中央工作会议上讲话指出："我看中间地带有两个，一个是亚非拉，一个是欧洲。日本、加拿大对美国是不满意的。以戴高乐为代表的，有六国共同市场，都是些强大的资本主义国家，东方的日本，是个强大的资本主义国家，对美国不满意，对苏联也不满意。东欧各国对苏联赫鲁晓夫就那么满意？我不相信。情况还在发展，矛盾还在暴露。过去几年法国人闹独立性，但没有闹到今天这样的程度。苏联与东欧各国的矛盾也有明显发展，关系紧张得很。"

1964年1月5日同日共中央政治局委员听涛克己谈话时，再次阐明关于两个中间地带的观点。他说："讲到中间地带有两部分：一部分是指亚洲、非洲和拉丁美洲的广大经济落后的国家，一部分是指以欧洲为代表的帝国主义国家和发达的资本主义国家。这两部分都反对美国的控制。在东欧各国则发生反对苏联控制的问题。这种情况看起来比较明显。"在同年7月的另一次同日本客人的谈话中，他还明确表示："日本也属于第二个中间地带。"

1964年1月17日，毛泽东会见安娜·路易斯·斯特朗、柯弗兰、爱德乐、爱泼斯坦、李敦白等外国朋友。他在谈话中说："美国现在在两个'第三世界'都遇到抵抗。第一个'第三世界'是指亚、非、拉。第二个'第三世界'是指以西欧为主的一批资本主义高度发展的、有些还是帝国主义的国家，这些国家一方面压迫别人，另一方面又受美国压迫，同美国有矛盾。"他还说："不能设想，美国只在两个'第三世界'遇到抵抗，而独独在苏联和东欧会不遇到抵抗。"

进入20世纪70年代，世界格局进一步发生重大变化，多极化趋势对两极格局的挑战和冲击日益公开化、显著化。

1971年10月中国恢复了在联合国的合法权利之后，重新回到国际社会，使第三世界国家的呼声在联合国的讲坛上得到了充分的表达。尤其是中美关系开始正常化以后，客观上形成美、苏、中战略大三角格局，中国的战略地位呈上升趋势，对两极格局形成强有力的冲击，世界的多极化趋势已成定局。

其次是资本主义各国纷纷走上独立发展的道路，对美国的盟主地位提出强有力的挑战。

东欧各国开始走改革的道路，并试图改变对苏联的依赖状况。

随着世界多极化趋势对两极格局的冲击日益明显，国际社会呼唤并孕育着新的国际关系理论。

面对激烈变化、迅速改组的世界，毛泽东进一步发展了中间地带理论，最终形成了关于三个世界划分的理论。

1974 年 2 月 22 日，毛泽东在会见赞比亚总统卡翁达时，首次全面提出了划分三个世界的观点。毛泽东说："我看美国、苏联是第一世界。中间派，日本、欧洲、加拿大，是第二世界。咱们是第三世界。"毛泽东又说："美国、苏联原子弹多，也比较富。第二世界，欧洲、日本、澳大利亚、加拿大，原子弹没有那么多，也没有那么富。但是比第三世界要富。""第三世界人口很多。亚洲除了日本，都是第三世界。整个非洲都是第三世界，拉丁美洲是第三世界。"毛泽东的这几段话，不是一时的即兴之谈，而是经过长期的观察和思考而提出的一个精辟的新论断。

　　1974 年 4 月 10 日，刚刚复出的中国副总理邓小平在纽约举行的联合国大会第六届特别会议上，第一次正式向全世界阐明了毛泽东的这一新的战略观点。邓小平指出："从国际关系的变化看，现在的世界实际上存在着互相联系又互相矛盾着的三个方面、三个世界。美国、苏联是第一世界。亚非拉发展中国家和其他地区发展中国家，是第三世界。处于这两者之间的发达国家是第二世界。"邓小平的这个发言是根据毛泽东的历次指示写的，经中央政治局讨论通过，并报请毛泽东亲自审阅过，因而可以说是准确地反映了毛泽东的观点，它标志着毛泽东对世界战略格局的认识，发展到了一个新的阶段。由于邓小平的这个著名的发言，毛泽东划分三个世界的战略思想开始闻名天下。

　　关于三个世界划分理论的提出，一方面表明，中国的国际战略和外交方针开始摆脱极"左"思潮的束缚，努力超越意识形态的局限，重新回到以国家安全和国家利益为最高原则的务实轨道。另一方面，这个理论的提出，也是对剧烈变动、改组中的国际局势进行深入观察和思考的结果。没有世界多极化趋势的出现，没有对这种趋势的客观而深入的观察，要想比较全面地纠正极"左"思潮的影响，重新确定正确的外交方针，并把中间地带理论发展成为三个世界划分的理论是不可能的。

毛泽东关于三个世界的划分则是，从当代错综复杂的国际政治力量分野的实际出发，而不是囿于原来的意识形态框框。这样他就能够高人一筹。

毛泽东著名的"三个世界"理论是他惯于使用的左、中、右"三分法"在国际范围内的一种应用。他的整个外交谋略都是以此作为基本框架的，开创了我国对外关系的新局面和新战法。

诸葛亮在《隆中对》中是对当时国内提出了三分天下的论断，而毛泽东是对国际形势作了深入研究后，提出了三个世界划分的理论，是对国际范围内力量对比所做的科学论断，对指导世界有深远的意义。

要学诸葛亮留一手

对公告内容中有关尼克松来访，谁也不说主动，是双方都主动。

1971 年 7 月 9 日下午 4 时，周恩来去钓鱼台 5 号楼同美国国家安全事务助理基辛格博士会谈。到达那里时，基辛格已经率领美方全体人员在会议室屏风前迎候了。

基辛格见到周恩来时有点紧张、拘束。周恩来的随同人员有叶剑英、黄华、熊向晖和章文晋等；美方参加会谈的是霍尔德里奇、斯迈泽和洛德等。

基辛格首先感谢中方对他们的热情招待，说："如果有机会，我也希望以同样的热情在美国招待周总理。"

周恩来大方地说："我没有去过美国，也没有到过西半球，但我们是在同一时候工作，你们在白天，我则在晚上。"他答得自然得体，既未说去也未说不去。继而又说："按中国的习惯，请客人先讲。"

基辛格这个在外交场面一向是潇洒大方的政治家，此时却很拘谨呆板地念起了稿子。等念了开场白后，他才稍稍放松了一些，放开稿子说道："今天，全球的趋势使我们相遇在这里。现实把我们带到了一起，现实也决定我们的未来。……我们本着这种精神来到你们美丽而神秘的国家。"

这时，周恩来打断了他的话说："不，不，并不神秘，熟悉了就不神秘了。"

基辛格的话开始转向了正题。他说此次来中国，尼克松总统给他两个任务：一是商谈尼克松访华日期及准备工作；二是为尼克松进行预备性会谈。然后他谈了 7 个问题。

第二天，基辛格一行由黄华、熊向晖等陪同参观了故宫三大殿和出土文物，随后到人民大会堂同周恩来总理会谈。

基辛格认为这次改在人民大会堂会谈是周恩来对他的礼貌安排，很高兴。会谈时周总理就对他说了天下大乱的世界形势，中国准备打仗，准备着美国、苏联来瓜分中国。基辛格忙说，请放心，美国要同中国来往，决不会对中国进攻，美国同自己的盟国和对手决不会进行勾结针对中国。又说，中国对美国的军队可以北开，摆在别的地方。

最后周总理建议，尼克松访华可以安排在 1972 年夏天，并表示尼克松访华前可以先同苏联领导人会晤，这样更慎重些。

基辛格说，还是按照已安排好的程序进行，先北京，再莫斯科。如果总统夏天来，离美国大选太近，有争选票之嫌。周恩来说，那就1972 年春天来访。基辛格表示同意。

当天晚上，毛泽东听了汇报后，谈了两点意见：

一、对基辛格说美国不会进攻中国，让中国把军队开到北方去的话，毛泽东说，他们要我们把军队往北开啊，过去我们是北伐，后来是南伐，现在是北来北伐，南来南伐。

二、当汇报说双方商定以巴黎为联络渠道时，毛泽东说，你基辛格说不经过官僚机构，华沙是官僚机构，那我们驻巴黎使馆是不是官僚机构？你们不想派一个常驻的，也不想派个临时的，就靠你基辛格。现在只好听他的了，我们怎么能强迫人家呢？那就通过巴黎吧。

周恩来和毛泽东谈到发布公告之事。毛泽东即表示，对公告内容中有关尼克松来访，谁也不说主动，是双方都主动。并说在公告中，也不提毛泽东要见尼克松，要学诸葛亮留一手。

说完之后，周恩来还想再留一会儿。毛泽东说，你不是约好了10点去吗？还是去吧，不然基辛格会感到奇怪的。于是周恩来又同叶剑英、熊向晖一起去见基辛格。黄华和章文晋则把已拟成的公告稿交给王海容、唐闻生送毛泽东审阅。

大约10点15分，周恩来见到基辛格说，因为时间晚了，本来不想来，后来听说你们还等着，所以还是来了。这次稍稍谈了一些细节问题，就结束了。

对于仅两百多字的公告，双方有争议的就有三处地方：一是尼克松访华是谁主动提出的；二是会谈中要讨论哪些问题；三是来访的适当时间。原稿中说尼克松要求来访，我们邀请。基辛格不同意，说这样写让人看了像个旅游者。

周恩来考虑如说尼克松要求来访，我们才邀请，他们面子难看，于是改成"获悉"他要来访我们邀请，就避免了谁是主动的问题。对会谈要讨论的问题，在"谋求两国正常化"之后加上了"并就双方共同关心的问题交换意见"，不只是讨论台湾问题；关于来访时间改为5月以前，不说具体日期，以便灵活安排。

翌日，毛泽东看过改过的公告觉得很满意。说，公告一发表，会引起世界震动，尼克松可能等不到5月就要来了，早点来也好嘛。

基辛格看过改定后的这一稿，也觉得中方设身处地地考虑了美方的意见，同他们的要求很接近，马上表示同意了。只是在接受邀请前加上"愉快地"一词。

最后商定完毕，正好离基辛格要离去的时限还剩下吃午餐这点时间。

用完午餐，基辛格一行就悄悄地乘原机飞回巴基斯坦，重新又作为一个"病后初愈"的形象出现在新闻媒介面前。

他的这次特殊使命的秘密一直保持到几天后公告发表为止。这就贯彻了毛泽东关于"要学诸葛亮留一手"的精神。在当时的国际背景下，终于打开了中美僵化的大门。

"人寿志犹存"

"五虎将"是关、张、赵、马、黄，此时其他几名都已谢世，独剩赵云也已年迈。

生老病死，自然之理。勇将赵云终有老去那一天。但三国纷争，正当用人之际，却是"蜀中无大将，廖化当先锋"，将帅之才十分匮乏。诸葛亮六出祁山，北伐曹魏，计点将校军兵，不免为此发生感叹。

毛泽东也曾有此叹息。

1973年12月2日，毛泽东在中央政治局会议上，提出八大军区司令员互相对调，并且提议邓小平参加军委领导工作，这是稳定大局的重要举措。周恩来随即部署有关事宜，召开中央政治局会议和中央军委会议。

12月20日，毛泽东在中南海的书房里，接见了参加中央军委会议的46位高级将领。

此时，毛泽东已年届八旬。

毛泽东即席讲话的开场白出人意料，他说："送君送到阳光路，你也苦，我也苦，手中锣儿敲的苦。"不知引用的哪一段戏文。

毛泽东并不理会那些面面相觑的将军们，继续沿着自己的思路说下去，不过这回他引用的是"三国戏"中的一段戏文：

"'这一班五虎将俱都伤了，只剩下赵子龙老迈年高。'我年老了，也要去'卖年糕',要到福州去卖年糕。南京不去,南京太热了。"

　　毛泽东在讲话中流露的伤感和无奈的情绪,使与会的将领们感到震惊。

　　"五虎将"是关、张、赵、马、黄,此时其他几名都已谢世,独剩赵云也已年迈。这段戏文在《三国演义》中是有所本的。赵云,于马超故后,是"五虎将"中仅存者,可他"虎老雄心在",请命出征,誓当先锋;毛泽东年届八旬,然亦"人寿志犹存"。尽管此时人的意志难于抵抗走向衰老的自然法则,尽管他看到自己的瑰丽理想与现实之间的巨大反差,因而情绪中充溢着忧患和悲壮,但是他还是像那位老迈年高的赵子龙请缨出征一样,为他的事业做着最后的奋争:对调八大军区司令员,把邓小平安排到最重要的军事领导岗位上⋯⋯这正是毛泽东最后的决策。

毛泽东打仗的秘诀

"我们祖宗好的东西，又为什么不可以借鉴呢？一定要弄些教条来束缚住我们的手脚，鄙人真有点大惑不解。"

1960 年 12 月 26 日，毛泽东 67 岁寿辰。25 日，他在同部分向他祝寿的亲属和身边工作人员谈话时说到 30 年代，他赋闲的时候，没事干，就看书。"走路坐在担架上，他抬他的担架，我看我的书。他们又批评我，说我凭着《三国演义》和《孙子兵法》指挥打仗。其实《孙子兵法》当时我并没有看过；《三国演义》我看过几遍。"

1961 年 3 月，毛泽东在广州中央工作会议上也谈到这件事，说："不经过第五次反'围剿'的失败，不经过万里长征，我那个《中国革命战争的战略问题》小册子也不可能写出来。因为要写这本书，倒是逼着我研究了一下资产阶级的军事学。有人讲我的兵法靠两本书，一本是《三国演义》，一本是《孙子兵法》。《三国演义》我是看过的，《孙子兵法》当时我就没有看过。"在遵义会议上，凯丰说："你那些东西，并不见得高明，无非是《三国演义》加《孙子兵法》。"我就问他一句："你说《孙子兵法》一共有多少篇？第一篇的题目叫什么？请你讲讲。他答不出来。"我说："你也没看过，你怎么晓得我就熟悉《孙子兵法》呢？"毛泽东接着说，"凯丰同志说得好。马列主义，我确实是门外汉，种田作物，倒算是行家里手，不及你出国留学，我是个土包子。不过

179

《孙子兵法》我确实研究过，这有什么害处哩！战争规律，古今中外皆然。现在的，不过比古代的内容丰富一些罢了。我们祖宗好的东西，又为什么不可以借鉴呢？一定要弄些教条来束缚住我们的手脚，鄙人真有点大惑不解。"

1965年12月，毛泽东在杭州的一次谈话中又说："我本来也没有读过军事书，读过《左传》《资治通鉴》，还有《三国演义》。这些书上都讲过打仗。"

毛泽东一生打过许多仗，虽然不能说百战百胜（百战百胜的统帅是没有的），但他完全可以称得上是伟大的军事家。许多人都问过毛泽东打仗有什么诀窍。

1949年5月1日，毛泽东与柳亚子先生同游颐和园，泛舟昆明湖上，心情十分惬意。当时人民解放军刚解放南京不久，柳亚子先生感慨地说："我们没有想到胜利会这么快，人民解放军很快渡江成功，并且占领了南京。我们不知道毛主席用的是什么妙计？"

毛泽东听后，呵呵一笑，回答说："打仗没有什么妙计，如果说有妙计的话，那就是知己知彼，根据实际情况，作出正确的决策。还有，就是先生说的，人民的支持是最大的妙计。我们有100万军队要渡江，如果没有人民的大力支持，是不能成功的。比如用100万军队带上轻武器，完全游泳泅渡是不行的，这就需要渡江工具。我们没有兵舰、轮船，就要靠人民用土办法造木船、木排划子。在漫长的江面上，几万只木船一齐出动，直奔对岸，加上我们有很多大炮掩护，很快就过去了30万军队。这一下子，蒋介石企图以长江天险阻挡人民解放军前进的梦想破灭了。你能说这是妙计吗？这是一般的常识，但是，像这样一个普通的常识，蒋介石是不知道的。他想的是长江天险，是美帝国主义的援助，总的来说，我们的军队比蒋介石的军队准备得好，除了飞机，军舰以外，我们什么都比他们多。"

毛泽东还在一次会议上说："打仗并没有什么神秘，打得赢就打，打不赢就走，你打你的，我打我的。什么战略战术，说来说去，无非就是这四句话。走，你就打不着我；打，我就要打上你，打准你，吃掉你。"又说："我们的打法：我能吃下你时就吃你，吃不下你时，也不让你吃了我。时机不成熟时我主力不同你硬拼，同你脱离接触。等到我能吃了你的时候，就把你吃掉，一口一口地吃，最后把你吃掉。"

60年代中期，为准备打仗，毛泽东讲了许多战略问题，其中也谈到了将来如何打仗。他说："打仗没有什么巧妙，简单说就是两句话，打得赢就打，打不赢就走。你们听说过吗？大体上就是这样。你打得赢就打，打不赢还打吗？有两条腿可以走嘛！打得赢就是集中优势兵力消灭敌人，集中五个指头啃他一个指头，割掉一个，他就少一个。事物是可以分割的。以后有机会又可以啃一个，又少一个，只剩下八个了，然后有机会再割一个，总之要割掉。所谓割掉指头，就是把敌人搞过来，除打死打伤之外，把官兵、枪支、弹药都夺取过来，这就叫打得赢就打。那么打不赢呢？就走，走得远一点，使敌人不知你到哪里去了。"

这就是一位饱经战火的军事家对作战经验的轻松描绘。

参考书目

《毛泽东文集》第二卷

《毛泽东书信选集》

《毛泽东读文史古籍批语集》

《毛泽东新闻工作文选》

吴江雄主编:《毛泽东谈古论今》,安徽人民出版社,1998 年。

陈晋主编:《毛泽东读书笔记"解析"》上册,广东人民出版社,1996 年。

阿古拉泰主编:《一百个名人眼中的毛泽东》,青岛出版社,1993 年。

范忠程主编:《博览群书的毛泽东》。

吴江雄主编:《毛泽东评点国际人物》,安徽人民出版社,1998 年。

薛泽石主编:《跟毛泽东学史》,红旗出版社,2000 年。

周宏让主编:《跟毛泽东学文》,红旗出版社,2002 年。

刘光荣主编:《毛泽东的人际关系》,中共中央党校出版社,1992 年。

王永盛、张伟主编:《毛泽东的书法艺术》,山东大学出版社,1992 年。

柳文郁、唐夫主编:《毛泽东评点古今诗书文章》,红旗出版社,1998 年。

郭文韬:《中国出了个毛泽东丛书——开国前后》,海南出版社,1995 年。

董志新：《毛泽东读〈三国演义〉》，上海人民出版社，2001年。

成林：《毛泽东的智源》，海南出版社，2001年。

李银桥：《在毛泽东身边十五年》，河北人民出版社，1992年。

权延赤：《天道》，广东旅游出版社，1997年。

邸延生：《历史的真言——李银桥在毛泽东身边工作纪实》，新华出版社，2000年。

盛巽昌：《毛泽东和三国》，文汇出版社，1995年。

冷成金：《毛泽东读史有学问》，中共中央党校出版社，2006年。

章重：《梅岭——毛泽东在东湖客舍》，中央文献出版社，2003年。

周溯源：《毛泽东评点古今人物》。

陈士榘：《老将军回忆毛泽东——从井冈山走进中南海》，中共中央党校出版，2003年。

樊昊：《毛泽东和他的"顾问"》，人民出版社，2006年。

林克：《毛泽东的读书生活》。

张贻玖：《中国出了个毛泽东丛书——广读天下书》，江苏文艺出版社，1995年。

康永保：《亲切教诲终生不忘——曾思玉面谒毛主席纪实》，大连出版社，2003年。

李越然：《外交舞台上的新中国领袖》，解放军出版社。

徐新民：《在毛泽东身边》，中共中央党校出版社，1993年。

张华、黄俊平：《伟人的起步》，浙江人民出版社，1996年。

张贻玖：《毛泽东读史》，中国友谊出版公司，1991年。

陈冠任：《毛泽东个性化的健康之道》，中共党史出版社，2003年。

李林达：《中国出了个毛泽东丛书——情满西湖》，中央文献出版社，1995年。

郭新法:《毛泽东休息的七天》,河南人民出版社,1994年。

董志英:《毛泽东轶事》,昆仑出版社,1989年。

郭晨:《中国出了个毛泽东丛书——万水千山只等闲》,军事科学出版社,1995年。

张随枝:《红墙内的警卫生涯》,中央文献出版社,1998年。

郭金荣:《毛泽东的晚年生活》,教育科学出版社,1993年。

张治中、余湛邦:《张治中与毛泽东——随从毛主席视察大江南北日记》,陕西人民出版社,1995年。

聚生、高里、陈澍:《毛泽东的领袖魅力》,知识出版社,1993年。

秀灵、王翠平、王聚英、王鲁东:《西柏坡——红都内外的秘密》,中央文献出版社,2009年。

罗贯中:《三国演义》,齐鲁书社,1991年。

陈寇任:《解秘8341》,青岛人民出版社,2008年。

米谷作:《少年毛泽东》,中国青年出版社,2009年。

董保存:《走进怀仁堂》下卷,中央党史出版社,2005年。

谢柳青:《毛泽东和他的亲友们》,河北人民出版社,1993年。

李天佑:《回忆天津战役》,《红旗飘飘》第15集,中国青年出版社,1961年。

张玉凤等著:《毛泽东轶事》,湖南文艺出版社,1992年。

萧诗美等著:《毛泽东谋略》,湖南出版社,1993年。

李维兴编著:《魅力毛泽东》,新华出版社,2009年。

马银春编著:《毛泽东与四大名著》,中国档案出版社,2008年。

李智舜编著:《毛泽东与开国上将》,中共中央党校出版社,1965年。

徐文钦编著:《毛泽东读书治国》,中央文献出版社,2008年。

孙宝义等编著:《毛泽东的衍名艺术》,中央文献出版社,2006年。

孙宝义等编著:《毛泽东的祖国山河情》,中国文联出版社,2001年。

孙宝义、刘春增、邹桂兰等编著:《毛泽东的读书人生》,中央文献出版社,2006年。

杨英健编著:《跟毛泽东学写作》,中央文献出版社,2002年。

穆成林、程举林编著:《毛泽东眼中的英雄们》,广东人民出版社,1999年。

柏华编著:《毛泽东兵法》,海南出版社,1996年。

江东然编著:《博览群书的毛泽东》,吉林人民出版社,1998年。

唐斫编著:《毛泽东与读书学习》,中央文献出版社,2004年。

谭逻松、张其俊编著:《毛泽东的幽默故事》,同心出版社,1993年。

陈明新编著:《领袖情毛泽东与周世钊》,中共中央党校出版社,1997年。

宗道一:《毛泽东给外交官的名字幽一默》,《今日名流》1994年第八期。

尹家民:《毛泽东缘何几度与陈毅谈古论今》,《党史博览》2006年第三期。

陈晋:《毛泽东评点党内重要领导干部》,《党的文献》2009年第三期。

程中:《毛泽东借古喻今赞叶帅》,《党史博览》2003年第六期。

冯彩章、李葆定:《毛泽东与京剧演员李和曾》,《炎黄春秋》第五十六期。

李新市:《毛泽东"暗渡陈仓"胜老蒋》,《军事文摘》2001年第六期。

李洪彪、马林、闫志新:《毛泽东钟爱〈三国演义〉之谜》,《辽宁老年报》。